明快な文章

阿部紘久 著

Kurosio
くろしお出版

まえがき

私は宣伝企画、国際事業企画、経営企画など、主に企画畑と呼ばれる分野で長年働いた後、会社の経営者になりました。その間一貫して、異なった関心と利害を持つ多忙な人々に、自分の言いたいことをいかに正確に理解し共鳴してもらうか、ということに腐心してきました。振り返ってみますと、仕事の根底をなしていたのは、情報を集め、考えを組み立て、それを文章で表現することでした。

ビジネスの世界では、意味不明の文章にずいぶんと悩まされもしました。

ある時、海外の合弁パートナーとの会議の直前に、「これを英訳して、代わりに説明してくれませんか」と言って、日本語の資料を持って来た人がいました。その日本語を見て、唖然《あぜん》としました。まるで意味が分からないのです。テーマに関連するさまざまな言葉が散りばめてありますが、その関係は混沌としており理解不能でした。私はほとんど徹夜をして、まず日本語を全面的に書き改めました。「この人は、多分こういうことが言いたかったのではないか」と推測しながら、原型をとどめない別の資料を作り、それから英訳にかかりました。

このような例は、実は珍しくないのです。英訳を頼まれると、非常に多くの時間を和文和訳、つまり、日本語の原稿を分かりやすく書き直すことに費やすのが普通です。原稿を書いた人が傍にいる時には、「これはどういう意味ですか。何を言いたかったのですか」といちいち確かめてみるのですが、そうしてみると書いた当人も混乱していることが少なくありません。書いた当人がよく分かっていないことを、他人に理解してもらえるはずがありません。

こんな状態をもたらした背景には、日本の国語教育の歴史があると思います。そこでは難しい語句の意味を読み解くことを重視し、書くことに関しては、漢字の書き方を教えることから、いきなり「感動的な作文」の奨励に飛躍してしまっていた感があります。作文教育の一つの源流となった「赤い鳥つづり方」は、「あるがままに、思った通りに、自由に書け」と指導し、子供らしい詩や文章をひたすら讃えました。もう一つの源流「生活つづり方運動」は、国語教育というよりも世直しのための社会運動と生活指導でした。戦後間もなく作られた指導要領の試案では、「はっきりと、正しく、わかりやすく、独創的に書こう」という技術論寄りの方針が提案されましたが、日の目を見ませんでした。(「出典1」参照)

要するに日本では、「事実や思想・感情を正確に分かりやすく伝える文章」を書くための基本的な技術をあまり熱心に教えてこなかったのです。

世は正に国際化社会。世界各国との距離はグッと縮まりました。しかし、「国際的なコミュニケーション能力を高めるためには、まず日本語の文章力を磨け」というのが、二十五年間国際ビジネスに関わった私の確信です。何と言っても、母国語の力は偉大です。膨大な語彙が、その微妙なニュアンスを含めてほとんど肉体化されています。その母国語で分かりやすい文章が書けない人がいくら外国語を学んでも、外国人と的確なコミュニケーションはできません。通訳さえも満足に使えません。

文章力は、単なる言葉を操る力ではありません。根幹をなすのは自分の考えを組み立てる力であり、そこに相手（読み手）をよく理解する力、言葉で的確に表現する力が加わったものが文章力です。それは学業や就職活動でも大いにプラスになりますが、社会人としてあるいは人間として、さまざまな可能性を広げてくれる基礎的、総合的な能力なのです。

私は今は自ら著作活動を行うかたわら、大学で文章指導をしています。それはとても楽しい仕事です。学生に「これはどういう意味ですか。何を言いたかったのですか」と聞きながら的確に書き改めてあげると、目を輝かせて喜んでくれます。

こうして、ビジネスと大学という場で、長年胸の内に育んできた簡潔・明瞭な文章を書くためのノウハウを、この本で具体的に、分かりやすく、なるべく系統的にまとめてみたいと思います。

対象としている文章は、

◇学生ならば、レポート、小論文、卒業論文、履歴書、就職エントリー・シートなど

◇社会人ならば、報告書、議事録、企画書、稟議書、ビジネス・レター、ビジネス・メール、取り扱い説明書、顧客・取引先へのお知らせ、スピーチ原稿、昇進論文など

◇両者に共通するものとしては、手紙、メール、プレゼンテーション原稿、ホームページ、ブログ、日記、エッセイなど

と多岐にわたりますが、私は、よく伝わり、相手の理解・共感を得られる文章の原理・原則は、これらのすべてに共通していると考えています。

この本の対象からは外れますが、ここで述べる原理・原則は、実は文学的な文章にもかなりの程度当てはまります。文学性、芸術性は、主に内容の独自性、創造性にあるのであって、それを伝える文章技術の基本は、実用的文章とあまり変わるところがないと思います。まずは伝わった上での感動なのですから。

その意味で、谷崎潤一郎が『文章読本』の冒頭に書いた、「文章に実用的と芸術的との区別はないと思います」という考えに私は賛成です。

文章力は大切ですが、同時に、書くことはとても楽しいことです。私は、若い人に明快な文章を書く楽しさをぜひ知ってほしいと思って、この本を書きました。

著者

目次

第2部　表現……47

第3部　構築

◇ こんな文章に出会いました ◇

序章

1　文章を書く喜び

文章を書く喜びは、少なくとも三つあると思います。

第一に、**表現**する喜びです。若い時は特にそうですが、人は常にさまざまな思いを胸に抱いています。それが、自分自身にもはっきりと説明できない考えや感情であることも珍しくありません。それを言葉で明確に表現できた時、とても気持ちが楽になり、いわゆるカタルシス（表出、浄化）の喜びを味わうことができます。

自分の気持ちが自分に説明できた時の喜びは、とても大きいものです。あるいは、複雑に込み入っているかに見えた事実関係や考え方が明確に整理できた時も、スッキリした気分を味わえます。一度文章で表現すると形のあるものになり、無意識の海の中に消えてしまうことがないのも安心です。表現する喜びは、しばしば自己を発見する喜びでもあります。

第二に、**理解と共感**を得る喜びです。人間は、ひとりひとり個性も経験も異なっていますが、本質において共通するものを持っています。ある文章を読んで、違った人間の中に自分と同じものを見つけた時、読者も喜びを覚えますが、そのような理解と共感を得られた書き手にも大きな喜びがもたらされます。

第三に、相手から**リアクション**（具体的な反応、行動や変化）が返って来る喜びです。手紙なら、それを読んで返事をくれた、電話をくれたというだけでも嬉しいことですが、書いた文章によっては、それによって信頼が確かなものになる、就職がかなう、相手が考え方や態度や生き方を変えてくれる、組織の重要な決定に結びつくなど、さまざまな具体的反応、行動が返って来ます。あなたが書いた文章が人を動かしたとなれば、書いたかいがあったというものです。

自らが書いた文章が、自らの考え方や態度や生き方を変えることも珍しくありません。それは、一言で言えば自己理解が進んだ結果です。つまり、もやもやとしていた胸の内を言葉に表現して整理するうちに、自分の感情、考え、信条、人間としての特質などが明確になり、これからの自分のあり方が見えてくるのです。すなわち、自己の発見が、自己の変身にまで結びつくのです。

それこそが文章を書く究極の喜びだと思います。

「実用的な文章は、別に喜びなどなくても書かなければならない、あえてそれを喜べということもない」と主張する人もいます。しかし、それがたとえ報告書であれ、企画書であれ、ビジネスレターであれ、簡潔・明瞭な表現にたどり着いた時には、おのずと上記の三つの喜びが湧いてくるものです。

2　文章力とは何か

その三つの喜びを継続的に追い求めて行くと、結果としてあなたはとても大きな宝物を手にすることになります。

文章力は、

考えを組み立てる力

相手（読み手）をよく理解する力

簡潔・明瞭な言葉で表現する力

の三つが一体となったものだと述べましたが、さらに具体的に考えてみますと、文章力とは、

(1)良いテーマを見つける。(着想力)
(2)テーマに関わるさまざまな事象に連想を広げる。(連想力)
(3)テーマに関わる事象の中で、重要なものと、そうでないものを峻別する。(重要度、優先順位の判断力)
(4)書くべき重要な事象を、構造的に把握する。(原因と結果、理由と結論、重要度、時系列、地理的関係などにしたがって、全体を系統的に理解する力)
(5)事実を踏まえた上で、自分独自の考えを組み立てる。(創造性、独自性)
(6)読み手の立場、心情、知識レベルなどを理解する。(人間理解力)
(7)言わんとすることを、読み手に伝わる簡潔・明瞭な言葉で表現する。(言語表現力)

などの要素から成り立つ能力です。

この七つの要素のうち五番目までは、考える力に関わっています。すなわち、表現以前に内容を組み立てる力が文章力の根幹をなしています。

この本の第1部「発想」では、胸の中に去来する形のない思いをとらえ、他の人に理解してもらえる言葉にするプロセス、すなわち文章力の土台、あるいは最も本質的な部分について考えます。

第2部「表現」では、明快な文章を書くための基礎技術を、豊富な実例と共に系統的に説明します。手っ取り早く技術だけを学びたいという方は、ここから読んでいただいても結構です。

第3部「構築」では、込み入った事実や思想、感情を一つの文章作品にまとめ上げる応用技術や、総合的な推敲《すいこう》例に触れます。

第1部●発想

誰でも書きたい思いをたくさん抱えています。毎日、朝起きてから夜寝るまでさまざまな経験をしながら、いろいろ感じたり、考えたりするように、元々できているのです。

胸の中に去来するさまざまな思いを言葉に換え、外に導き出す通り道（チャネル）をつくると、あらゆる文章が楽に書けるようになります。

第1章 誰にも書きたい思いがある

文章の書き方に関するある本を開いたら、やる気、初心貫徹、懸命に推敲、などという言葉が並び、感激では駄目で感動がなければいけない、感動を持続して文章にして練り上げていかなければいい文章は書けない、などと窮屈なことがたくさん書いてありました。それを読むと、文章を書くのはとても難しいことのように感じてしまいます。

しかし、私は決してそうは思いません。まず、誰でも書きたい思いをたくさん抱えています。たいていの人は、気がおけない友人（＝気をつかわなくていい親しい友人）がいい聞き手になってくれると、際限なくおしゃべりができます。つまり、誰でも胸の中にはたくさん思いがあるのです。おしゃべりに熱中している時には、興味のある事実や自分の思い（考え、感情）を言葉で表現して、相手の理解、共感を求めているはずです。文章を書いている時と同じです。誰でも毎日、朝起きてから夜寝るまでさまざまな経験をしながら、いろいろ感じたり、考えたりするように、元々できているのです。

では、おしゃべりはできても、文章は書けないと考えている人が多いのはなぜでしょうか。それは多分、文章にするほど立派なことは考えていないと思っているか、文章を書くのは下手だから無理だと思っているか、下手な文章を書いたら恥ずかしいと思っているか、あるいは書く習慣がないので最初から書くことなど思いつかない、などの理由によるのではないでしょうか。何らかの理由で、自分の考えや感情をまとまった文章で表現することに思いが及ばないため、気の合った友人とおしゃべりするか、スポーツ、テレビ、音楽、映画や、ダンス、カラオケ、酒、パチンコなどで発散して、それで終わっている人が多いのだと思います。

私は、友人とのおしゃべりやスポーツ、酒などでストレスを解消し、何もかも忘れてその時その時を楽しく過ごすのも一つの生き方だと思いますが、考えていること、感じていることと素直に向き合って、それを自分にも他人にも分かる形で表現し、それを積み上げて行くのも、人間ならではの面白い生き方だと思います。

おしゃべりは、思いつくままに散漫に話すそばから、泡沫《うたかた》のごとく消えてしまいます。何も形が残りません。友人と何時間もおしゃべりをすれば、ストレス解消にはなりますが、後になってみると、結局その日何を話したのか分からなくなっていることも珍しくありません。文章の良さは、形に残り、次々に積み上げて行くことができることです。

ここまで読むと、「自分の内面を見つめるために書く私的な文章ではなく、論文やビジネス文書の上手な書き方を知りたいのだ」と思われる読者もきっと少なくないと思います。

そこでもう一度、「まえがき」の最後の部分を思い出してほしいのです。私は、よく伝わり、相手の理解・共感を得られる文章の原理・原則は、多岐にわたるさまざまな種類の文章に共通していると書きました。たとえば自分の内面をみつめる日記が自在に書けたら、業務上の報告書も企画書もビジネスレターも、皆上手に書けるようになると私は信じています。

次の第2章では、文章が思うように書けない（書くのが苦痛な）状態から、思うように書ける（書くのが楽しい）状態に、どのようにしたら変わるのかを、僭越ながら私の実体験を振り返りながら述べてみたいと思います。

コラム

書くことが一番自由でマイペース

以前読んだ本の中に、読むのは受動的な働きだが、書くのは能動的な働きで、とても大きなエネルギーが要るという趣旨のことが書かれていました。それは一面の真理を表わしていますが、私は全く別の視点からこの両者を比較することもできると思います。

聞く、読むが、相手（話し手や書き手）のペースに合わせる仕事であるのに対して、話す、書くは、自分のペースで行うことのできる作業だということです。

外国語を学ぶ場合、**聞く**ことが最後まで一番難しいと思います。話題、語彙、スピード、発音、声の大小など、すべてが相手次第で、それにこちらのアンテナを合わせなければならないからです。**読む**場合には、文字は通常鮮明に印刷されており、スピードも自分でコントロールできます。分からない言葉があれば、辞書を引くために立ち止まることも許されます。しかし、話題と語彙とロジックは相手次第で、それについて行かねばなりません。

一方、**話す**時は、話題、語彙、スピード、発音、声の大小などを、すべて自分がコントロールできます。ただし、相手が目の前にいるので急に黙り込むわけには行かず、途中で辞書を引くことも滅多にできません。相手が割いてくれる時間の中で、よどみなく速やかにコミュニケーションを果たすことが必要です。ですから、実はスピードは自由ではないのです。

それに比べると、**書く**ことは、全くマイペースで行うことができます。必要なら立ち止まって考えたり、途中で散歩に出たり、辞書や資料を見たりしながら推敲することもできます。簡潔・明瞭な表現を身につけるためには修練が必要ですが、受動的ではなく能動的だからこそ、一番自由で楽なのが書くことだ、とも言えると思います。

コラム
半覚半睡の時が、一番創造的

　私の場合、明け方の半覚半睡の時に、新たな着想を得ることがしばしばあります。潜在意識の中に眠っていたアイディアに、的確な言葉が突然結びつき、意識の表面に現れて来ます。眠っている間に、いろいろな記憶が配置換えされた結果ではないかと推測しています。

　そういう時は、枕元のメモ用紙にキーワードだけでもすぐに書いて、また眠ります。書かずにいると、その着想がスッと消えてしまいます。

　ビジネスをしていた時にも、仕事上の着想の多くを明け方に得ていました。枕元にメモ用紙を置いて、浮かんだらすぐに書き、書いたら安心してまた眠る、という習慣がついたために、余計にその時間に着想を得やすくなったのかもしれません。

　人は夢の中では現実の束縛から逃れて、創造的空間を自由に飛翔することができます。その夢から半分覚め、半分現実の世界に足を踏み入れた時に新たな着想を得るという経験は、多くの人に共通することではないかと思うのですが、いかがでしょうか。

こんな文章に出会いました
＃1「百姓女とベートーヴェン」＊

この間私は妙にふさいだ気持になって散歩から帰って来た。家に近くなって、大勢の百姓女が陽気に踊りながら歌う唄を聴いた。嫁に行った私の娘の里帰りを歓迎して祝ってくれていたのだ。大声をあげて鎌を叩きながら歌うこの唄には、喜びと元気と精力との心持がいかにもはっきりと出ていたので、私はその心持に感染し、家に入った時にはすっかり元気で快活になっていた。見ると、その唄を聴いていた家中のものも皆はしゃいだ気持になっていた。丁度その晩、うちに来ていた上手な音楽家が、ベートーヴェンの作品一〇一のソナタを弾いてくれた。演奏が終ると、居合わせた人々は、私が推察した通りありありと退屈していた癖に、えらくベートーヴェンの深い思想の作品を誉めそやして、やっぱり晩年が一番いいなどと如才なく意見を述べた。（トルストイ『芸術とはなにか』一八九八年、河野興一訳、岩波文庫、百八十二頁より抜粋）

《感じたこと》

「ベートーヴェンだから素晴らしいはずだ。人がいいと言うからいいと思う」のではなくて、自分の耳で、自分の心で聴いてみようと、トルストイは呼びかけているのでしょう。百姓女のこの唄こそが本当の芸術だとこの後書いています。

この本の別のところでは、意味不明の散文詩をいくつも引用し、「どんな意味も持っていない。それだのに、いや恐らくそのために却って、何万部というほど印刷され、若い詩人の傑作集に収められている」と評しています。何かのきっかけで話題になると、本当はその良さが分かっていないのに、否、分からないから尚更ありがたがって、人々が争って買い求めるのはおかしなことだと言いたかったのだと思います。（「出典2」参照）

第2章 思索ノート（日記）の勧め

文章力の土台を作るために、日頃いろいろ経験し、あるいは見たり、聞いたり、読んだりすることの中から、自分自身が感じたこと、考えたことを、ふと立ち止まって書きとめる習慣をつけることをぜひ勧めたいと思います。それを日記と呼んでもいいのですが、日記というと「毎日欠かさず、その日何をしたのかを書き留めるもの」というイメージが多くの人にあります。そういう堅苦しい考えでは、三日坊主になるのも無理がありません。それでここでは、主に「思索ノート」という言葉を使うことにします。

毎日書く義務は全くありません。あくまでも何かを感じた時、考えた時に書くものです。長さも自由です。たった一行でも構いません。

いきなり順序立てて文章を書くことが難しい時には、胸の内を順不同に話してそれを録音し、洗いざらい話した後で、自分でそれを何度か聞き返しながら文章に整理する方法も、試してみる価値があります。今は幸い録音機器が発達していて、個人で手軽に録音・再生し、あるいは消去することができます。

私は二十代の終わりからタイの田舎で一年十ヵ月工場建設をした時と、三十代の終わりに韓国で一年半仕事した時には、日々経験する面白い出来事をとても手紙や日記に書ききれなかったため、記憶の生々しいうちにカセット・レコーダーに向かってしゃべり、現場音と共に日本に送っていました。それを後に聞き返して本を書きました。何か新しい経験をした直後に録音したテープには、実に豊かな情報が含まれていました。それはまさに、親しい友人とのおしゃべりそのものでした。

さて、本書の序章に書いた「文章力の七つの要素」を、ここでもう一度振り返ってみたいと思います。それは、

（１）良いテーマを見つける。（着想力）
（２）テーマに関わるさまざまな事象に連想を広げる。（連想力）
（３）テーマに関わる事象の中で、重要なものと、そうでないものを峻別する。（重要度、優先順位の判断力）
（４）書くべき重要な事象を、構造的に把握する。（原因と結果、理由と結論、重要度、時系列、

地理的関係などにしたがって、全体を系統的に理解する力）

（5）事実を踏まえた上で、自分独自の考えを組み立てる。（創造性、独自性）

（6）読み手の立場、心情、知識レベルなどを理解する。（人間理解力）

（7）言わんとすることを、読み手に伝わる簡潔・明瞭な言葉で表現する。（言語表現力）

でした。とても広範にわたる難しいことのように見えますが、もしあなたがこれから感じたこと、考えたことを言葉にしてみて、ふと立ち止まって書きとめる習慣をつけると、このほとんどすべての能力を同時に高めることができます。

まず、自分の周囲にたくさんの興味あるテーマがあることに気づくでしょう。連想力、創造性、独自性、頭の柔らかさを養うためにも、とてもいい方法です。自ら枝葉の部分を切り捨て、書くべきことを構造的に把握し、的確に言葉で表現する訓練にもなります。

強いて言えば、六番目の読み手を理解する能力だけは別の人生経験が必要かもしれませんが、それ以外の能力はすべて思索ノートが、知らず知らずのうちに高めてくれます。書く喜びを知ってしまうと、何かを感じる度、考える度に書きたくなり、書いてはスッキリしたという経験を積み重ねて行くうちに、考える力、書く力がどんどんついてきます。

私は自分の経験から、思索ノートを書くことこそが、文章力のほとんどすべての要素を同時に高めるとても効果的なトレーニングだと信じています。

1　さまざまなタイプの文章を書いてみよう

それでは、思索ノートにはどのようなことを書いたらいいのでしょうか。「自分で感じたこと、考えたことを、自分の言葉で書く」という原則さえ守れば、自由に何を書いてもいいのですが、ここで主に私の若い時のノートから、いくつか違ったタイプのものを紹介してみたいと思います。この実例を見て、「さまざまなことがテーマになるんだな。自分も自分らしい文章を書いてみよう」と思うきっかけにしていただければ幸いです。

【タイプ1】身近な事象

人は誰でも、日々触れる身辺の事象に、いろいろな思いを抱いています。

カマキリ

庭に出て秋の陽ざしを浴びていると、傍らで急に「ピチッ、ピチッ」という音が聞こえた。そちらに目をこらすと、すぐそばのコスモスの葉の間で、その葉とそっくりの色をした一匹のカマキリがミツバチを頭から食べていた。二本の長い触角を斜め上にピンと張り上げて、正三角形の顔を左右にひねりひねりしながら、その複雑な口をムシャムシャ、モゴモゴ動かすうちに、ミツバチの体は、少しずつ少しずつ消えて行く。（1963.10.21A、「出典3」参照）

これは、ふいにある音に引き付けられ、次いで虫たちやメダカなどが庭の片隅でさまざまな動きを見せているのに見入ってしまった話の冒頭部分です。大学一年の時に書きました。ことさらに観察力などと言わなくても、誰でもその場にいれば自然に関心を持たざるを得ないような光景でした。

履きつぶした靴

古い黒い革靴が、いよいよ終わりに近い。つま先がパックリ行きそうなだけでなく、前半分の底が磨り減って、左はついに底が割れてしまった。靴の中に手の指を突っ込むと、底の割れ目からその指が見える。だからちょっとした水溜りに入っても、たちまち浸水する。

この靴は、最初の半年か一年は、東京本社でピカピカに磨いて履いていた。妻との見合いをした時も、この靴だった。今はすっかり手入れを忘れられて、タイの工場の建設現場を、なりふり構わず歩き回っている。少し前までは靴墨を塗られて、バンコクのパーティーに出かけることもあったが、このごろはさすがにそういう晴れがましい席は遠慮している。

もういくらなんでもお役御免の日が近いが、タイで最も苦しかった最初の八ヵ月を共に乗り切った靴かと思うと、いとおしい。（1973.7.4B）

たかが古靴一足ですが、そこには何年分かの生活がしみついていますので、いくらでも連想が広がります。

イタリアの犬

店の前につながれた大きな茶色の犬が、なんとも気だての優しい犬で、通りかかる人や犬にいちいち熱心にしっぽを振って見せ、大部分は無視されていた。そばに行ってなでてやると、喜んで寝っころがって腹を上に向けた。

イタリアの犬は、実に「人の良さそうな」顔をしている。控え目で、忠実で、ルールをきちんと守る姿勢が顔に現れている。そして実際にたいへんマナーが良い。不思議なのは、犬同士が散歩ですれ違っても、互いにほとんど関心を示さないことである。ちらりと相手を見るだけで、おとなしく通り過ぎる。日本では、息を荒げて相手の犬に近づこうと鎖を引っ張ったり、吠えたりすることが珍しくないのに。（1998.5.30B）

ヒマラヤの犬

我々のヒマラヤ・トレッキングに、毛のふさふさした生後一ヵ月の兄弟犬が二匹同行しました。彼らはシェルパに可愛がられ、抱かれて移動していましたが、毎日の宿泊地に着くと飽くことなくじゃれ合っていました。くんずほぐれつ、上になったり下になったり、噛んだり噛まれたり。朝、二匹が互いに相手の腹に頭を乗せ、一つのボールのようになって眠っていたかと思うと、山の上から照り始めた暖かい朝日を浴びて、たちまち取っ組み合いが始まりました。彼らに、この世の中はどのように見えていたのでしょうか。

私にもはるか昔、そんな時があったような気がします。未知の世界に生まれ出て来て、見るもの、聞くもの、感じるものがすべて新鮮で、何かが約束された新しい世界が始まったように感じていました。(2003.12A)

動物たちとの交流もいい素材です。ヒマラヤの生まれたての子犬を見ていたら、自分がもの心つき始めた頃のことに思いがいたりました。

一転して、最も身近な自分の顔を見ながら、こんな発見もしました。

目の輝き

紡錘形の真ん中に黒い瞳があるという誰もが同じ構造の目を持ちながら、その輝きひとつで最も好ましい顔から最も嫌らしい顔までが出来上がる。その輝きが、人間の内面と対

応しているというのは、驚くべきことだ。（1963.8.31A）

その気になって見てみると、あなたの身の周りにも面白いことがいろいろあるはずです。ものごとに寄り添うような気持ちになってみると、きっと発見があります。それを、素直に文字にしてみませんか。最初は、言葉の断片を並べるだけでもかまいません。

【タイプ２】風景

身近な事象に比べると、風景はより大きな世界が対象です。写真に趣味のある人は分かると思いますが、たとえば一日山の中を歩いたとしたら、上下左右三百六十度の視界の中に、写真のモチーフとなりうる素材が、時々刻々移り変わって行きます。望遠レンズから広角レンズ、接写レンズまでを使って、その中から何をどう切り取って他を捨てるのかという選択眼が、写真の醍醐味です。文章も同じだと思います。保坂和志『書きあぐねている人のための小説入門』（草思社）には、「風景を書くことで書き手は鍛えられる」とありました。

ただし、ここで私が書こうとしているのは、作家になるための文章修行の話ではありません。社会人や学生の基礎的、総合的な能力である文章力を身につける話です。言い換えれば、自分の目で見て、自分の頭で考えて、事実や思想・感情を人に伝わる言葉で表現する訓練の話です。

仙台へ

誰もいない踏切が、ひとりでカランカランと鳴っている。一度陰った陽が、また暑く照り始めた。線路際の一軒の農家の中が、一瞬見えてすぐ木立に隠れる。縁先で、若い母親が両方の胸をはだけて、赤ん坊に乳をやっていた。しばらくの間、並木の間を汽車が通る。セミがうるさく鳴いている。チリチリというような、単調で乾燥したその鳴き声。遠い一点を中心にして、風景が大きく回転して行く。畝と畝の間の黒い土が見えてはまた消えて行く。遠くの道を、バスと小型トラックが、汽車に平行して走っている。

宇都宮を過ぎると、再びどこまでもどこまでも、緑の世界が続いた。いつのまにか、空は薄灰色に曇っている。二羽の黒いカラスが、畑すれすれに飛んでいる。四時を回った。やがて滑り込んだ駅は、西那須野。背中のあたりが、むんむんと暑い。緑と黒の世界の中に、ひとつ赤い布団が干してあった。（1963.8.6A）

これは、大学時代の夏休みに、仙台の友人の家を訪れた時の文章の一部です。ある人がこれを読んで、最初は音に引き付けられ、次いで光の変化や風景の動きに注目している、緑や黒や灰色や赤の色彩もある、と解析してくれましたが、書いている時は無意識でした。ただ印象的なものから書いて行っただけです。

当時の列車には冷房がなく、窓を開けて走りましたから、踏み切りの音やセミの鳴き声などを生々しく聞くことができました。窓枠にかけていた腕に直射日光を浴び、風を受けて走りましたから、移り行く景色とも一体感を持てました。列車が停まると、たちまち真夏の熱気に包まれました。

スコール

七月が終わろうとしている。夕方五時半に窓の外を見ると、地平線のすぐ上にはまだ明るい淡い空色の帯があるが、その上をクッキリと黒い雲が覆っている。雷が激しく鳴り、時々稲妻がキラキラと輝いて、暗雲の上を縦に走る。

バンコクから今着いたタクシーは、土砂降りの雨の中を抜けて来たと言って、車体から水滴をしたたらせ、ヘッドライトまでつけている。

十分前まで太陽がギラギラと照りつけていても、スコールが来たなと思った途端に空からおびただしい量の水が落ちて来て、大地が洗われ、工場の建物も雨に煙り、たちまち快い冷気が吹き抜けて行く。雷の大音響が腹に響く。タイの夏の夕立ほど、スカッとするものはない。(1973.7.29B)

この時は、ほとんど三百六十度地平線の見えるタイの田舎にいました。振り返ってみますと、ここでも音と光が交錯し、タイにしては珍しい冷たい空気の感触もありました。

【タイプ3】人間模様

さまざまな人間模様なら、身辺に限りなくあると思います。そこに、人間のおかしさ、温かさや、逆にいらだち、怒り、苦しさなどを感じることもあるでしょう。

子供たち

馬事公苑の中にある沼の縁《ふち》に立つと、三人の男の子が水辺で遊んでいる。中のひとりが、「あっ！　なんかいる！　ちっちゃいの！」と、大発見をしたように叫ぶ。他のひとりが廻らぬ舌を動かして、「とりなよ、とりなよ」と叫ぶ。

隣の沼でも、男の子たちが木の棒で水の中を掻き回している。アブクがブクブク出て、土がモクモクと水を濁らすのが面白いと見える。掻き回す手を止めても、しばらくアブクが出続けるのに驚いている。

数人の家族連れに交じった二歳位の女の子が、大人達から「ほら、お馬がいるよ。ほら

あっち。お馬だよ」と言われて、よちよち歩きながら、すました顔で「どこ？　どこ？」と聞いている。（1965.1.10A）

相手に感情移入して、しばしその人（ここでは子供たち）と共に過ごしてみるのは、楽しいことです。会話も自然に登場します。

別れ

彼女が婚約した。恥ずかしそうに、そして「驚かないで」というふうに、そうっと真珠の指輪を僕に見せた。

ゆるゆると胸の締めつけられるような感じである。しかし、こうなったからには、言うことはない。今夜は二人とも顔を輝かせて語り、そして気持ちよく別れた。このことに関して我々二人は、相手の気持ちをよく理解できるのだ。

「自分でもあんまり早かったので、驚いているのよ」と言う。しかし、今は彼女にとって幸福そのものの時に違いない。しばらく見ぬうちに、前よりいくらか大人びて、そして綺麗になった。

こんな時の思いは、どこかに吐露せずにはいられないのではないでしょうか。

厳寒の中のぬくもり

寒い時には零下十五度にもなるソウルの街を、長い間歩き続けることはできないが、寒さに耐えかねて飛びこんだ茶房《タバン》（喫茶店）の暖かさは、ことのほか嬉しい。ほとんど例外なしに、店の女主人か、アガシ（若い女性従業員）が話しかけてくる（注：今は、近代的なコーヒーショップに替わってしまった）。夜の会食で、車を降りてから凍るような空気に身が引き締まる思いをした後、暖かなオンドルの部屋に通されると、冬ならではの心のぬくもりを感じる。チマ・チョゴリがことのほか優雅に見える。

朝、車が忠武路《チュンムロ》にある会社に着くと、門の所でまずガードマンがサッと敬礼する。それから、正面玄関に着くと、そこにもガードマンがいて、敬礼してドアを開けてくれる。ハンサムで長身、格好のよい若者である。凍てつく寒さの中でご苦労さまだ。帰りにも同じような敬礼を受ける。先任の日本人の副社長は敬礼を返しているので、私もと思ったが、最初は思わず頭を下げてしまったりして格好がつかなかった。（1982.1.17B）

住んでみて、人間の情の深さを最も感じたのが韓国でした。一年半しかいなかった割には、言葉も覚えました。韓国語の仕組みや語感が日本語に酷似しているので、日本語についてあらためて振り返る機会になりました。

思いやりとユーモア

かつて一緒に仕事をしたイタリア人を十人あまり夕食に招いた。皆に会うのは、二年ぶりだった。こういう時の常で、イタリアの仲間たちは、放っておいても大いに盛り上がってくれる。皆で長いひとつのテーブルを囲んでいたが、私の前でも、営業の三人娘のラウラ、チンツィア、コスタンツァがおしゃべりに花を咲かせていた。私は三人に、

「そう早口でイタリア語でまくし立てられたのでは、話の内容はよく理解できないけれども、久しぶりに三人で盛り上がっているのを見るだけで楽しいよ」

と言った。するとコスタンツァが間髪を入れず、

「話の内容が分かってないのは、アベサンだけではないのよ。私たちは皆、相手の言っていることなんて、全然分かっていない。ただ、自分たちの喋りたいことを、喋りまくっているだけ！」

と言ったのである。優しさがにじんだユーモアだった。(2002.9.30B)

異文化の中で暮らす度に、相手を肯定すること、あるいは相手に受け入れてもらうことの喜びを実感しました。

もちろんそんな幸せな体験ばかりではありませんが、人間関係の中でたとえば怒りを覚えた時にも、「この怒りはどこから来るのか？　なぜ、どこがどう対立しているのか？」と考え抜き、

それを表現してみると、そこから前向きのエネルギーが湧いてくることがあります。

【タイプ4】　読んだり、観たり、聴いたりしたことの感想

本や映画、音楽、美術展、テレビ番組などの感想も書いてみましょう。我々は今、多くのメディアに触れる機会に恵まれていて、ものの見方、考え方、感じ方に、その影響を受けていると思います。ここでは、テレビとラジオの番組の感想のみを例として載せておきます。

不良

ＮＨＫテレビ「問題っ子」を見た。その型にはまった尤もらしいものの見方は、全くの皮相しか捉えていない。どこかの心理学者がいかにも憂えているような言い方で、不良について解説する。（中略）「あるいはその週刊誌ですね。そういうものに、非常に面白くないものがあるんですね。そういうものが、不良を育てるんです」（中略）

本当の不良とは、建設的な意欲を失ってしまった者を言うのである。下らぬ本を見ていても、その本自体に問題があるのではなく、建設的な意欲をなぜ失ったのか、ということが重要なのだ。(1963.6.6A)

この文章は、私なりに偽善やニセモノを看破したいという気持ちで書いたのだと思います。面白い本や映画、放送番組などとの出会いがあっても、ただ「面白かった」だけでは自分でも満足できないでしょう。これらの感想を書く時には、対象に対する理解を深め、そこで喚起された自分の思いと向き合おうとしているのだと思います。

次の文章は、学生時代に一人自室で、机の上のラジオを聴きながら書いたものです。

墜落

全日空のボーイング727旅客機が、百三十三人を乗せたまま、羽田沖に墜落した模様。今夜6時59分、「着陸姿勢に入る」と指示を仰いだまま連絡を絶った。「いまだ不明」「いまだ不明」とラジオが報じ続けていたが、11時39分椅子カバー、続いて靴下を発見。今、11時55分飛行機の羽を発見。傍で遺体一体を発見。

乗客百二十六人。ただし、切符を買った人百三十八人。次々と乗客名簿が発表されているが、その内の十二人は、飛行機に乗っていない。

まだ何も情報が入っていない時、羽田で六年生の姉が泣きじゃくる二年生の弟に、「遅くなっても帰って来るから」と言い聞かせていた。「誰が乗ってるの」という問いに、「パパとママ」と答える、男の子のしおれた声が流れた。

丁度、ソ連の「ルナ九号」が、初めて月へ軟着陸することに成功したという見出しが、

デカデカと夕刊のトップを飾っていた晩だった。(1966.2.4A)

【タイプ5】　心情

人間誰でも落ち込むことがあります。そういう時は、強がらずに素直にそれを表現してみます。もちろん、気持ちが高揚した時にも書いてみます。表現することで自分の気持ちを整理し、客観化することができます。

意欲喪失

特に何がしたいというものもなく、特に何が出来るとも思わない。心組みがすっかり変わってしまった。むしろ、人間が何事かに意欲を燃やすということが、不思議にさえ感じられる。困ったことなのだろうが、特に困ったという感じも湧いて来ない。(1965.5.26A)

三宅島の春

昨夜遅く、(高校時代から何度も通った)三宅島から帰る。素晴らしい七日間だった。自然を愛し、人を愛し、自分を愛し、人生を愛した。(1967.3.24A、社会に出る直前に)

【タイプ6】 衝撃的体験

長い人生の間には、衝撃的な体験をすることがあります。そのような時には、一瞬のうちに凝縮されたドラマを見ることになります。普段気づかないようなことにも気づかされます。

間一髪

（フランスのシャモニ・モンブランの）そのホテルに行く途中で、危うくあの世行きになるところだった。夜十時過ぎ、先導のSさんの車が国道を横切ったのに続いて、すぐに私も横切ろうとしたが、その時右から大型バスが国道を突進して来たのである。暗い中でそれがわずかに目の端に映って、急停車した。目の前を巨大なバスが一瞬のうちに走り抜けた。

道の両側と中央分離帯にはかなりの雪があって壁になり、視界も音もさえぎっていたのである。まず、左から来る車を注意して避けて中央まで渡ったところで、あとは一気に行きそうになった。先導のSさんが通り抜けたから、車は来ないだろうという安易な思い込みもあった。時速百数十キロで走って来る車は、思いがけない早さで近づいて来たのだ。間一髪だった。判断が一瞬遅れれば、あそこで自分の人生が終わっていたと思う。

(1999.2.14B)

この後当分の間、ベッドの上でうとうとしている時などに、突然あの時の状況がよみがえり、脂汗が出ました。命のあやうさ、きわどさを感じました。

【タイプ7】見た夢

印象的な夢を見たら、目覚めてすぐに、それを思い出して書いてみます。起きて十分もすると、夢の内容はどこかへ消え去ってしまい、二度と戻ってきません。

火事の夢

明け方、夢を見た。火事の夢だ。小高い丘の上に私一人が立っていて、まわりには誰もいない。すぐ目の前に、たくさんの家が密集している。その一角から、チョロチョロと炎が上がったように見えた。五分もすると、炎は勢いを増していよいよ大変なことになり始めた。しかし、誰一人人影がない。真っ昼間だというのに音ひとつしない。私は義務感から「火事だーっ！」と、二、三回叫んでみたが、答える人は誰もいない。「もっと大きな声で叫ばねば」と思いながら、むしろ息をのんで展開を見守ってしまった。目前の風景は、まるで細密画のように、家々の細部まで色鮮やかにリアルに見えていた。そんな風景は今まで見たこともないから、この夢のために私が創造したのだろう。人は誰でも、夢の中では芸術家だ。炎は、赤みを帯びたオレンジ色に燃え上がりつつあった。目が覚めると、首のまわりに汗をかいて、パジャマの襟のあたりが濡れていた。何よりも「夢だった」と知った時に、必死に知らせて回らずに、思わず炎に見とれてしまった後ろめたさから解放されて、ホッとした。(1998.6.24B)

無意識の夢の世界では、日常よりもずっと克明に、細部までものが見えることがあります。話の展開も奇想天外です。それを生々しく描写するのは興味深いばかりでなく、いい文章訓練にもなります。

【タイプ8】評論

何か自分なりに「これが真理だ！」と思うものを見つけたら、それを表現してみます。これは抽象概念や論理の領域になりますが、決して難しいものではありません。人は毎日いろいろな発見をしながら生きています。あなたもしばしば、あなたならではの真理を見つけているはずです。

怠惰

怠惰とは、人生の快楽の中から、安易なもののみを選んで渡り歩こうとすることである。安易な快楽は、決して大きな快楽ではない。(1964.4.25A)

日頃の自分の怠惰を責めながらも、目上の人の指示に従わないことは必ずしも怠惰ではないとか、快楽を求めるのは善だが、大いなる快楽を得るためには努力も必要なのだ、などと考えていたのだと思います。

男と女

我々は、男であるか、女であるか、そのどちらか一方でしかあり得ない。抽象的な概念としての「人間」はあるが、具体的には必ず男か女かでしかない。(1963.6.26A)

自明なこと、全く当たり前なことでも、はっきり文字にしてみると何かが見えてきます。

抽象絵画

音楽は、抽象芸術である。高さと音色の違った様々な音を、作曲者が任意に組立てて感覚的世界を作り上げる。稀にはピッコロで鳥の鳴き声を再現する、などという具象的な表現もあるが、それは例外で、本質において音楽は抽象芸術である。

そのことを格別不思議に思ったり、「何を表現しているのか分からない」と反撥する人は殆どいないが、抽象絵画については、絵画＝再現的絵画という伝統的観念に妨げられて、遠ざけようとする人がいる。抽象絵画を見て「私はこういう絵は分からない」と言う人がいる。しかし、人や家や山を描いた絵を見て「分かった」と思うのは、描かれた対象が人であり家であり山であることが分かっただけである。（以下略）(1963.9A)

大学の美術サークル展で、私の描いた抽象画がある人に酷評されたのに怒って、この文章を書きました。音楽であれ、絵であれ、スポーツであれ、自分の好きなことは、何かきっかけがあれば掘り下げて考えることができます。

文明

人間社会の文明が、このように絶え間なく際限なく進歩し続けていることは、造物主にとって誤算だったと思う。(1963.10.8A)

芸術

本当の芸術家は、人間世界にありもしないものを、妄想によって人工的に作り出したりはしない。芸術家は、そのありかは分からないけれど、確かにどこかに存在して、人間を内側から突き動かしている何物かを、表現しようとする。(1966.3.14A)

この二つは抽象度の高い話ですが、やはり何かをきっかけにこう確信したのだと思います。

2　何をきっかけに人は書き始めるか

もちろん、昔からこんなふうにまとまった話ばかりを書いていた訳ではありません。若い頃に書いた思索ノートは、文章が乱れていたり、尻切れトンボだったり、時にはただ絶叫めいた言葉を連ねていたり、お恥ずかしい部分が少なくありません。

しかし、もともと試行錯誤するためのノートですから、それでいいのだと思います。自分で納得の行く言葉を探しているうちに、カタルシス（表出、浄化）の快感を味わい、emotional security（精神的な安定）を得、自分のとるべき行動が見えてくれば十分でした。

それが結果としては、考えを組み立て、言葉で表現するいい訓練にもなっていました。つまり、こういう試行錯誤を繰り返すうちに、胸の中に去来するさまざまな思いを言葉に換え、外に導き出す通り道（チャネル）が形成されてきたのだと思います。

振り返ってみますと、どうやら最初に文章を書き始めた動機は、父親への不満と怒りでした。十五歳の頃、未熟な文章ですが、こんなふうに書いていていました。

原因を見つけたい

父に心をいら立たされる事は、毎日数え切れない程あるけれど、それぞれが全く別の物ではなく、何かそこに関連性があるのだと思う。そして結局はなにか一つの事が原因して、あらゆることがそれに端を発しているのかもしれない。僕はその原因を見つけたいと思うのだ。母や姉は、なにかというと「明治（生まれ）だからしょうがない」とあっさり諦めてしまうが。(1959.3.22)

ものを書き始めた第二の動機は、強いられる勉強への反発、あるいはそれからの逃避でした。第三には、青春時代の孤独感だったと思います。いつも人恋しくて、女性への憧れでも胸を焦がしていました。

第四に、劣等感です。周囲を見回してみると、たとえエリートコースを歩んだように見える人も、それとは関係なしに、ほとんどの人が劣等感と共に生きているような気がします。一見傲慢に見えても、実はそれが劣等感の裏返しである場合もあります。真実の自分を素直に見るなら、人間は欠けているところだらけですから､劣等感にとらわれるのが自然な姿で、それが多くの人にとってエネルギー源になっているのではないでしょうか。

第五に、青春独特の感じやすさがあって、一方ではよく感動していましたが、一方ではいろいろなことに傷ついていました。

第六に、私の場合、高校三年生から数年間体調を崩して内省的になったことも影響したと思います。

第七には、生まれながらの性向からか、あるいは家庭や学校の先生の影響からか、横並び志向を嫌い、自分の独自性、個性を守ろうという気持ちが強かったことだと思います。

こんなことは、どれも全く自分の個人的な問題だと思っていたのですが、後から考えると、かなり多くの人の青春に共通したことであったようです。青春とはトキメキの瞬間もあるものの、概して暗中模索の悩ましいものです。そして、憧れや感動ももちろん力の源泉ですが、劣等感、怒り、傷心、孤独感なども、多くの若者を何ものかに駆り立てています。

私はそれらが胸の中に膨らんでくると、紙の上に文字にして吐き出して自分を少しでも解放しようとしていただけですが、幸いなことに書く行為によって、元気を取り戻していたように思います。

さらに全く想定外のことでしたが、このようにして身につけた自分の考えを整理し表現する習慣が、ビジネス社会に出てから大いに力になってくれました。

ところで、ものを書くにあたって一つ大事なことがあります。

「真面目」の二つの意味

僕に言わせれば、真に真面目な人間は、自分の情熱を偽ることができない。だから実際の生活場面では、しばしば背徳的態度をとらざるを得ないのだ。（1965.7.22A）

「与えられた規範」に対して真面目（忠実）なのか、「自分自身の価値観」に対して真面目（忠実）なのかの違いである。同じ真面目という言葉がしばしば反対の意味になるのは、これで明らかだと思う。（2003.3.30A）

前者の意味で真面目、すなわち「与えられた規範」に対してひたすら真面目（忠実）な人は、とかく自分の頭で考えない傾向がありますので、より率直に自分と向き合わないと、文章が書けるようにはならないかもしれません。

辰濃和男『文章の書き方』（岩波新書）の「まえがき」に、こんな文章があります。

いい文章を書くことと、日常の暮らしの心のありようとは深いつながりがあります。その人の文章のありようと、その人の生きる営みとは切り離せません。

人は結局、日常の暮らしの中で、人間模様や自然やものを素直に見たり、感じたり、考えたりすることを通じてのみ、考える力と表現する力を高めることができるのではないでしょうか。

野口悠紀雄『「超」文章法』（中公新書）は、どう書くか以前に、「読者に伝えたいメッセージを明確化せよ」と説いています。私の言葉を使えば、「表現」以前に「内容」が大事だということで、それは全く同感ですが、野口教授はメッセージを見つける方法については、「考え抜くしかない」と述べています。人との対話や読書をしながら、考え抜く以外にないと言うのです。

その文脈で言うならば、私は「思索ノート」は自己との対話であり、自分で着想を得て自分で考えを組み立てる最も有効なトレーニングであると言いたいと思います。

「思索ノート」に向かって自分の思いを表現しようとするならば、真実に向き合っているか、自分のものの見方・考え方に均衡を欠く部分がないか、論理的矛盾はないか、根拠は明確か、社会通念に流されていないか、独自性があるか、自分の価値観に忠実か、言葉が的確か、過不足はないかなどと、あらゆる角度から内省を繰り返すことになります。それこそが、考える力の有効な訓練であり、同時に表現する力の訓練ともなるのです。

あなたも、まずは一冊小さなノートを準備してみませんか。そして、あなたならではの感性で、新しい自分を発見してみませんか。

コラム
書きたいから書く日記

ここから先は、一般になじんだ「日記」という言葉を使いましょう。お正月にある女性から、「今年こそ日記をきちんとつけようと年始に決意しましたが、早くも挫折。意志力が一ミリもないのではないかと、自分を疑うこのごろです」というメールを受取りました。彼女は、読んだり書いたりが仕事の編集者です。それでも日記を書き続けるというのは難しいと感じているようです。でも、意志力がなければ書けないと構えてしまったら、誰でも長続きしないと思います。日記が自分の大いなる味方であることを知って、ついつい書きたくなってしまうのが本来の日記であると私は思います。

きっかけを作ってくれたのは、中学時代の国語のO先生でした。太い黒縁のメガネをかけたその男の先生のおかげで、私は中学の終わり頃からふと日記らしいものを書き始めて、途絶えたり復活したりを繰り返しながら今まで書いてきました。

今は、折々にパソコンに向かって書く習慣ができています。自分の中に思いが少しずつ溜まってきた時、あるいは急に膨らんできた時、パソコンに向かってそれを書き終えると、ホッとします。自分が今どこにいて、どこに向かおうとしているのかが分からなくなった時、口惜しい時、腹立たしい時、悲しい時、あるいは逆に、感動した時、楽しい時、心がなごむ時にも、日記に向かいます。あるいは何らかの理由で、精神のバランスが崩れ始めると、私は無意識に日記に向かいます。

いずれにしても、私は書きたいと思った時に書いてきただけです。日記を書くのに努力した記憶はありません。

コラム
スポーツ選手の日記

元アルペンスキーの五輪選手であった木村公宣氏が、次のように書いていました。壁を破るため、あるいはスランプ脱出のために、日記がとても役に立ったという話です。

いつもスキーのことを考え、いかに道を切り開くか、頭打ちを打開するため、日記をつけ始めた。（中略）

技術の疑問、反省点、気持の抑揚など心のどこかに占拠する思いを、時間のあるときに書き記してみることにした。恥ずかしくてとても人に見せられないが、自分の欠点や長所が面白いほど整理できた。この「メモ」が実に役に立った。（中略）メモをさらに整理し、十通りくらいの基本項目にまとめ、スランプの時に読み返した。（『日本経済新聞』二〇〇五年六月二十八日）

こんな文章に出会いました
＃2「妄想」

自分はまだ二十代で、ベルリンにいた。

昼は、生き生きした青年の間に立ち交って働く。夜は芝居を見る。舞踏場に行く。帰り道には街燈だけが寂しい光を放って、馬車を乗り回すそうじ人足がそうじをしはじめるころにぶらぶら帰る。

高机一つにいす二つ三つ。寝台にたんすに化粧だな。そのほかには何にもない。火をともして着物を脱いで、その火を消すとすぐ、寝台の上に横になる。

心の寂しさを感ずるのはこういうときである。どうかすると寝つかれない。また起きて火をともして、仕事をしてみる。仕事に興が乗ってくれば、余念もなく夜を徹してしまうこともある。

ときとしてはその仕事が手につかない。神経が異様に興奮して、心が澄みきっているのに、書物をあけて、他人の思想の跡をたどって行くのがもどかしくなる。自分の思想が自由行動をとってくる。生というものを考える。自分のしていることが、その生の内容を満たすに足るかどうだかと思う。

生まれてからきょうまで、自分は何をしているか。自分のしていることは、役者が舞台へ出て、ある役を勤めているにすぎないように感ぜられる。この役がすなわち生だとは考えられない。後ろにある、あるものが真の生ではあるまいかと思われる。（森鷗外『妄想』一九一一年、抜粋）

《感じたこと》

こんな思いが、後に文豪森鷗外を生んだのでしょうか。私は大学に入ってすぐ、表紙が布張りの古めかしい森鷗外集の中に分け入りました。『阿部一族』『高瀬舟』『雁』『即興詩人』などを思い出します。

中でもアンデルセンの原作を文語文で翻訳した『即興詩人』を読んだ時、「翻訳とは創作なり」と発見しました。それにしても、二十代の頃、ベルリンの夜に悶々とするところなど、昔も今も、そして文豪も凡人も、同じではありませんか。

第2部●表現

それでは、いよいよ具体的な技術論に入りましょう。

この第2部では、明快な文章を書くための基礎技術を、多くの実例と共に説明します。各章の要点は、第2部の終わりに一覧表にして示してあります。

第3章 文章の幹を明らかにする

文章には、幹があり、そこに枝や葉が付いています。その幹を、まずはっきり表現しましょう。

1 誰が（何が）、どうなのか

「彼は、誠実だ」「彼女は、明るい」というような、主語と述語の関係を、まず明確に表現したいものです。それが文章の幹なのです。

ある詳細な分析レポートを書いた人に、次のような感想が届きました。

長い年月の膨大な資料を根気強く整理精査され、一つのレポートにまとめ、優れた分析力と表現力など、とてもいいお仕事です。

これでも意味は伝わりますが、この文章を書いた人の言いたかったことを整理すると、以下のようになるのではないでしょうか。

長い年月の間の膨大な資料を根気強く整理精査し、一つのレポートにまとめられたのは立派です。その分析力と表現力も優れています。とてもいいお仕事だと思います。

最初の文は、多くの「仕事量」をこなした努力に対する賛辞です。次の文は、レポートの分析力や表現力など、「質」に対する賛辞です。最後の文は、上記二つの点でとてもいいお仕事だという感想です。

要するに、この文章では三つのことを言いたかったのですから、「Aは××です」「Bは××です」「Cは××です」という関係を明確に示すと、すんなりと頭に入る読みやすい文章になります。文章も三つに分けることが望ましいと思います。

2　誰が（何が）、誰に（何に）、何をしたのか

前項では、「立派である」「いいお仕事だ」など、「状態」を表す述語が使われていました。本項では、「動作」を表す述語を持つ文章について考えてみます。

新聞の社会面に、こんな文章がありました。

今年二月には、警視庁がインターネットサイトの架空請求グループの仲間を監禁して暴行し、四週間のけがをさせた上、現金を奪ったとして、和歌山県の無職の男ら五人を逮捕。
（『日本経済新聞』二〇〇五年六月十九日、カタカナ四文字を削除）

この文章を頭から読んで行きますと、「警視庁が、仲間を監禁して、暴行し、けがをさせ……」と読めてしまいます。そんなはずはないと思いつつも、読んでいて落ち着かない文章です。これは、たとえば次のようにしたら、読者に親切で明瞭な文章になります。

今年二月には、警視庁が和歌山県の無職の男ら五人を逮捕した。五人は、インターネットサイトの架空請求グループの仲間を監禁して暴行し、四週間のけがをさせた上、現金を奪った疑いが持たれている。

この改善案では、「警視庁が」（主語）「五人を」（目的語）「逮捕した」（述語）という文章の幹を最初に明示しました。このように、主語と目的語と述語が近接していれば、その関係が一目瞭然《いちもくりょうぜん》です。こうして幹を明確にさえすれば、そこにいろいろ補足的な説明が加わっても、読者の頭にすんなりと入って行きます。

この案では、結果として文章が二つに分かれました。「警視庁が、男を逮捕した」「逮捕された男たちは、いくつかの疑いが持たれている」という関係を整理した結果です。

主語と述語の関係に注目しますと、原文では最初に「警視庁が」という主語を示しながら、その述語「逮捕した」が出てくる前に、「監禁した」「暴行した」「けがをさせた」「現金を奪った」という別の主語の述語が並んでいるのが混乱の元でした。この四つの行為を行った「五人」は、文の最後にようやく出て来ていたのです。最後に種明かしされるまで、読者は落ち着かないままでした。主語と述語を近接させれば、このような混乱も避けられます。

＊

デパートの婦人服売り場でアルバイトをした学生が、次のような文章を書きました。

私は、お客様に心から気に入った服を購入していただくため、お客様と和んだ会話をしながら、どのような商品が一番喜んでもらえるのかを察知し、提案することで、お客様に満足感を与え、新しい自分を見つけてもらうことによって喜びを感じ、私にとって貴重な経験になりました。

この文章の主語は、大部分が「私」です。私が「お客様と会話」し、私が「察知、提案」し、私が「お客様に満足感を与え」、私が「喜びを感じ」たのです。しかし、最後の部分は主語が変わっています。つまり「そのアルバイト」が、私にとって貴重な経験になったのです。

このように途中で断りなしに主語を変えると、どこか読みづらい、あるいは稚拙な感じを与える文章になってしまいます。

この文章を、まず一ヵ所だけ直してみます。下記の下線の部分です。

私は、お客様に心から気に入った服を購入していただくため、お客様と和んだ会話をしながら、どのような商品が一番喜んでもらえるのかを察知し、提案することで、お客様に満足感を与え、新しい自分を見つけてもらうことによって喜びを感じました。このアルバイトは私にとって貴重な経験になりました。

主語がアルバイトに変わった時点で、その新しい主語を明示したのです。これだけで大分良くなったと思いますが、さらに細部を少し手直ししてみます。主に下線の部分です。

私は、お客様に心から気に入った服を購入していただくため、お客様と和んだ会話をしながら、どのような商品が一番喜んでいただけるかを察知し、提案するように努めました。

そして、お客様が新しい自分を見つけてくださり、満足感を持っていただけた時には大きな喜びを感じました。このアルバイトは私にとって貴重な経験になったと思います。

ここでも結果として、文章が三つに分かれました。まず、私が何に努めてきたのかを説明して、一度着地。次いで、何が私の喜びであったのかを説明して、再度着地。最後の文章で、この仕事の自分にとっての意義を書きました。このように、一つの文では一つのことのみを論ずる「一文一義」の原則に徹すると、文章は分かりやすくなります。

以上三つの文例の改善案を整理してみますと、主語、目的語、述語の関係は次頁のようになっています。

図表1　文章の幹

	主語	目的語	述語
文例1	あなたが	膨大な内容を	レポートにまとめた
	そのことが		立派だ
	分析力・表現力が		優れている
	このレポートは		とてもいい仕事だ
文例2	警視庁が	五人を	逮捕した
	五人が	仲間を	監禁、暴行し、けがをさせた
	五人が	仲間の金を	奪った
文例3	私が	お客様と	会話する
	私が	お客様の好みを	察知する
	私が	お客様に	提案する
	お客様が	新しい自分を	見つける
	お客様が		満足する
	私は		それを見て嬉しい
	アルバイトが		貴重な経験だった

５Ｗ１Ｈという言葉になじみのある人も多いでしょう。新聞記事で事件の報道をする時などには、Who（誰が）、What（何を）、When（いつ）、Where（どこで）、Why（なぜ）、How（どのようにして）行ったのかを書かなければならないと言われます。

しかし、文章の幹を明らかにする時には、「いつ、どこで、なぜ、どのようにして」という部分は一旦無視して、「Who（誰）」と「What（何）」だけに絞って、述語（どうしたのか）との関係を明確にします。それこそが、文章の幹なのです。それを明確に示すだけで、文章は格段に良くなります。

このことを忘れて、思い浮かぶままにあれもこれもと言葉を並べて行くと、複数の主語と、複数の目的語、複数の述語が次々と出て来て、その関係が読者にとって分かりにくい文章になりがちです。

＊

どこの国の言葉でも、コンテクスト（文脈、前後関係）から明らかな言葉は省略されることがありますが、日本語ではそのような省略が頻繁に行われます。そこで特に注意を要するのは、省略されている主語がいつの間にか変わってしまって、読者を戸惑わせることのないようにしなければならないということです。

先ほどの「アルバイトは」もその例でしたが、次の文はどうでしょうか。

東京に憧れてやって来る若者が多く、若者たちの多感で、不安定で、繊細な心の拠所であり、若者同士の感情を共有できる東京を選び、そこで自分の心を表現しようとし、感情を爆発させて生み出されるのが若者の文化だと思うのです。

この書き手は、次のようなことを言いたかったのだと思います。

東京に憧れてやって来る若者がたくさんいます。東京は、若者たちの多感で、不安定で、繊細な心の拠所です。若者は、若者同士の感情を共有できる東京を選び、そこで自分の心を表現しようとします。東京の街の文化は、若者が感情を爆発させて生み出す若者の文化だと思うのです。

つまり、この書き手の頭の中では、「東京は」「若者は」「東京の街の文化は」と、三つの主語が無意識のうちに目まぐるしく交代しています。その主語がいずれも隠されているので、「何がどうなのか」という関係がきわめて混沌としたものになってしまっています。この文章では、そもそも主語を省略したことに無理があったようですが、隠された主語には特に注意してほしいと思います。

●コラム
「です・ます調」と「だ・である調」

この本は、ほとんどを「です・ます調」で書き、箇条書きや図表など特定の部分だけを「だ・である調」で書いています。

「です・ます調」は、表現が柔らかく、丁寧な感じを与えますが、時に冗長な感じになります。「だ・である調」は、簡潔で締まった印象を与えますが、時に紋切り型に響きます。

私は今までの著作は、「まえがき」と「あとがき」のみを「です・ます調」で親しみを込めて書き、本文は、簡潔にする狙いから「だ・である調」で書いていました。しかしこの本では、文章を書くことが決して難しく堅苦しい作業ではないということを、主に若い人に伝えたい気持ちから、初めて「です・ます調」を採用してみました。

ビジネスの世界で、顧客や上司に提出する報告書、企画書などを書く時は、冒頭部分は鄭重に「です・ます調」で書き始め、「詳細は、下記のとおりです。ご検討のほどお願い致します」などとした後、「記」と書いて、その後を「だ・である調」に変えることがよくあります。忙しい人を相手にいつまでも「です・ます調」では、「冗長で締まりのない印象を与えてしまうからです。

いずれにしても、日本語の文章にはこの二つの書き方があって、それを一連の文章の中で無定見に混在させてしまうと、読者に強い違和感を与えます。

こんな文章に出会いました
＃３「情報戦」＊

昭和十六年十二月八日に新聞の天気欄とラジオの天気予報が中止になってから三年と九ヶ月の間、日本人はなるべく天気のことには触れぬようにと心掛けてきた。町会長は、「知人と道で会って交わす会話にも、『いいお天気で』とか、『生憎の雨で』とかいわないようにいたしましょう」という触れを出した。理由はこうだった。「壁に耳あり障子に目あり、どこに敵の間諜《かんちょう》がひそんでいるかわかりません」。いま思えば、この理屈はおかしい。もし間諜がいて東京の天気を本部に報告したければ、人びとの会話を盗み聞くより、自分で空を見上げる方がずっと話は早いだろうからである。だが当時は皆が、「この戦争は情報戦である」という内閣情報局の教えが気に入っていたから、町会長の論理の欠陥《あな》を指摘する者は誰ひとりとしていなかった。初めはよくまごついたものである。道端で挨拶のしようがなくてうううと唸りながら向かい合い、立往生することがしばしばあった。やがてそのうち、配給の遅れや疎開の予定を話題に挨拶する秘訣《こつ》を覚えてからは立往生せずにすむようになったが、間諜にとっては、こっちの情報の方がよほど役に立つものであったに相違ない。（井上ひさし『東京セブンローズ』文春文庫、上三百四十四頁より抜粋。当用漢字と現代仮名遣いに改めさせていただいた）

《感じたこと》

この本には、敗戦直前と直後の東京の日常生活が克明に描かれています。極度のもの不足、食料不足、度重なる空襲と悲惨な死。そんな極限状態の中でも、人間というものはどこかおかしな存在です。中央線国分寺駅前の土地一坪が十円、洗濯石鹸が一本二十円、などという珍現象も現れます。敗戦直後にあらゆる価値観が逆転する描写も見事です。良かれ悪しかれ、今の日本の姿の原点を見る思いです。

第4章 相互の関係を明らかにする

文章の中に並べられた言葉は、相互にいろいろな関係を持っています。その関係が、読者に一目瞭然であるのがいい文章です。

1 文頭と文末を対応させる

第3章の「誰が、どうなのか」の復習のようになりますが、文章の中に並んでいるいろいろな言葉の中で、互いに最も強い関係を持って対応すべきなのが、文頭（主語）と文末（述語）です。

古い例ですが、新聞の論説委員が書いた「時評」の中に、以下のような文章がありました。

坂本堤弁護士への取材を収録したビデオテープをA局が放送前にオウム真理教幹部に見せた問題は、報道機関として重大な過ちを何重にも犯していた。（『日本経済新聞』一九九六年四月七日、原文では放送局の実名をあげている）

本来は、「A局は報道機関として過ちを犯した」であって、「見せた問題は過ちを犯した」ではないはずです。次のように書けば主語と述語が対応します。

坂本堤弁護士への取材を収録したビデオテープを放送前にオウム真理教幹部に見せたA局は、報道機関として重大な過ちを何重にも犯していた。

ある大学の先生は、次のように書いていました。

（私の）研究の動機は、学生が将来教員となったときに、この物語を教材として活用できると考えました。

この文章も、「私は考えました」であって、「動機は考えました」ではないはずです。「動機は」と書き始めたのなら、「考えたことでした」とすべきです。

このように主語と述語が対応していない文章を、一般に「述語がねじれた文章」と呼んでいます。文章指導をしているとこの問題にしばしば出くわしますが、必ずしも理解が容易ではないようです。いくつか単純化した例を並べて見ますので、その原理をどうか体得して下さい。以下は、いずれも正しい文章です。

この店（に）は、輸入品が多い。
この店の特徴は、輸入品が多いということだ。

彼は、聞き上手とは言えない。
彼の欠点は、聞き上手とは言えないことである。

カメラの絞りは、感光体に届く光の量を調節する。
カメラの絞りの役割は、感光体に届く光の量を調節することである。

私は、友達の何人かがブログをやっていると聞いて、私も始めてみようと思いました。
私がブログを始めたきっかけは、友達の何人かがやっていると聞いて、興味を持ったことでした。

以上の例を見ると、主語が「この店は」「彼は」「絞りは」などの〝動作や状態の主体〟ではなくて、その「特徴は」「欠点は」「役割は」「きっかけは」などの〝属性〟になると、「ことです」で終わっています。

右の最後の例について、次のように書く人もいますが、これは適切な表現ではありません。

私がブログを始めたきっかけは、友達の何人かがやっていると聞いて、興味を持ったからでした。

「から」は理由を説明する言葉ですが、正しくは次のように使われます。

私がブログを始めたのは、友達の何人かがやっていると聞いて、興味を持ったからでした。

途中にいかなる挿入句が入ろうと、文頭（主語）と文末（述語）がきちっと対応していることをいつも確かめて下さい。

この問題については、第12章でもいくつかの実例に基づいて再度検討します。

2　修飾語と被修飾語の関係を明らかにする

どの言葉がどの言葉を修飾しているのかを明確にすることが、分かりやすい日本語を書くためにとても大切です。

ア　直結の原則

エジプトに、ぜひ機会があれば行ってみたいです。

この人は、「ぜひ行ってみたい」と思っているのですから、「ぜひ」（修飾語）と「行ってみたい」（被修飾語＝修飾される言葉）を近接させて、

エジプトに、機会があればぜひ行ってみたいです。

機会があれば、エジプトにぜひ行ってみたいです。

のいずれかにすれば、分かりやすく自然な語順になります。

もし、「エジプト」を特に強調したいなら、「ぜひ」（修飾語）と「エジプトに」（被修飾語）を近接させて、次のように書きます。

機会があれば、ぜひエジプトに行ってみたいです。

「ぜひ」が「機会がある」という言葉を修飾していないことは明らかですから、原文のように「ぜひ機会があれば」と続けるのは適切ではありません。もっとも、「機会」を特に強調したければ、次のように書くことはできます。

ぜひ機会をつくって、エジプトに行きたいです。

「ぜひ」は強調する修飾語ですので、何を強調しているのかが読んだ時に自然に分かるようにするのが親切です。どんな修飾語においても、修飾語と被修飾語を直結させるという簡単な原則を守れば、その関係は明確になります。

今のような格差論議が進むと、せっかく既得権益で守られていた旧来型のシステムを見直し機会均等の社会にしていこうと動き出した方向から逆戻りしかねません。（『日本経済

新聞』二〇〇六年五月二十二日)

この文章を最初は、既得権益擁護論だと思って読んでしまいました。「せっかく既得権益で守られていた」とあったからです。しかし、最後まで読むと、次のように言いたい文章であることが分かりました。

今のような格差論議が進むと、既得権益で守られていた旧来型のシステムを見直し機会均等の社会にしていこうとせっかく動き出した方向から逆戻りしかねません。

つまり、「せっかく守られていた」ではなく、「せっかく動き出した」だったのです。このように、修飾語と被修飾語の間を空けてしまうと、誤解も生じかねません。

イ　修飾語同士の意外な関係

日本語の場合、原則として修飾語がすべて被修飾語の前に付きますが、二つ以上の修飾語を並べると、しばしば混乱をもたらします。

これは、当社が製造した登山靴用の保革油です。

これは、「保革油」の前に、「当社が製造した」という修飾語と、「登山靴用の」という修飾語が付いたものですが、「当社が製造した登山靴」と続いてしまったために、製造したのは保革油ではなく登山靴であるという全く別の解釈も成り立ってしまいます。一つの解決案は、

これは、当社が製造した、登山靴用の保革油です。

と二つの修飾語の間に読点（、）を入れる方法です。あるいは修飾句の順番を入れ替えて、

これは、登山靴用に当社が製造した保革油です。

とします。次のように二つの文に分ければ、もちろん誤解は生じません。

これは、当社が製造した保革油です。登山靴用に最適です。

実はこの小さな例は、日本語が時々とても分かりにくくなったり誤解を生じたりする大きな原因の一つを示しています。それは、ある言葉の前に二つ以上の修飾語が並んだ時に、その修飾語同士が勝手に修飾、被修飾の関係を持ってしまうという問題です。

右の例は、前の修飾語「当社が製造した」が、後の修飾語「登山靴用の」を修飾してしまい、別の意味を生み出してしまうものでした。「去年亡くなった先輩の奥さん」などになると、亡くなったのが先輩なのか奥さんなのかが分からなくなってしまうので深刻です。

本多勝一『分かりやすい日本語の作文技術』（オークラ出版）と、同『実戦・日本語の作文技術』（朝日新聞社）は、そのような視点から（というのは私の解釈ですが）、複数の修飾語をどのような順番に並べるべきか、また読点をどう打つべきかについて原則を追求しています。

さまざまな実証的な研究の末に、修飾語の順番について本多氏が見出した原則の代表的なものは、次の二つです。

①長い修飾語ほど先に置く。

たとえば、「長い美しい肉筆のお手紙」よりも、「美しい肉筆の長いお手紙」の方が分かりやすいというのです。

②述語を含む修飾節は、最初に置く。

たとえば、「白い横線の引かれた厚手の紙」よりも、「横線の引かれた厚手の白い紙」がいいというのです。前者は確かに、「白い横線」とも読めてしまいます。

読点（、）の打ち方について本多氏が見出した原則は、主に次の二つです。

①長い修飾語が二つ以上ある時には、その間に打つ。

②語順が原則に従わない時に、間に打つ。この場合の原則とは、修飾語が被修飾語の前に来る、述語は最後に来る、という一般的な原則と、修飾語の順番に関する上記の二つの原則を意味します。たとえば「白い、横線の引かれた厚手の紙」とすれば、「白い横線」と読まれるのを防げます。

これらの原則を参考にして、修飾語がスラスラと頭に入りやすい順に並んでいるか、修飾語同士が反応して違う意味を形成するおそれはないか、の二点に注意して、語順や読点の位置を点検する習慣をつけて下さい。

この問題は、英語と日本語の違いに注目して考えると、より分かりやすいと思います。

“She is a beautiful lady who was born in Tokyo in 1985.”を日本語に訳したらどうなるでしょうか。普通は、「彼女は東京で一九八五年に生まれた美しい女性である」とします。英文は、beautiful という修飾語だけが lady の前にあって、残りはすべて lady の後に文にして添えてあるのに、日本語にするとすべての修飾語が前に固まってしまいます。このような宿命から、近接した修飾語同士が予想外の関係を作ってしまうという問題が生じやすいのです。

既にお分かりでしょうが、英語（そして多くの欧州語）の場合には、関係代名詞、現在分詞、過去分詞などを使うと、たくさんの修飾語を被修飾語の後に並べることができます。この点では、明らかに好都合な仕組みを持っています。

しかし、日本語でも上記の例文を以下のように訳すことができます。「彼女は美しい女性だ。一九八五年の東京の生まれである」。元の文章が一つだからと言って、一つの文章に訳さねばならない理由は何もありません。むしろ関係代名詞以下は、別の文章として独立させた方がいいことが少なくありません。関係代名詞は、もともと二つの文章をうまくつなぐ道具なのですから。

ウ　主役登場のタイミング

修飾語がすべて頭に付くという日本語の特性は、修飾語と修飾語の間に予想外の関係が生じやすいという問題以外に、もう一つ問題をはらんでいます。長い修飾語が続いて被修飾語や述語がなかなか現れないと、読者は意味が分からないまま宙ぶらりんの状態におかれてしまうのです。

三週間ほど前、台所の天井からぶら下がっている蛍光灯の半球形の笠の真ん中に垂れ下がっている紐の一点と笠の二端を頂点とした二等辺三角形に張った糸を土台にして、見事な円網を作った体長五ミリメートルほどの一匹の蜘蛛に気がついた。
（志村忠夫「いとしき生きものたち──三つのプロポ」、『在』第十号十二月刊、文藝春秋『02年版ベスト・エッセイ集 象が歩いた』に再録）

この文章を読む人は、最後に主役（被修飾語）の蜘蛛が登場するまで、「何の話だと思う?」と謎をかけられたままです。「台所の……一匹の」という三行にもわたる修飾語が、蜘蛛の前に付いているからです。この修飾語をすべて頭に入れておくのはなかなかたいへんなことなので、蜘蛛の話だと分かった後でもう一度元に戻って、長い修飾語を読み直す人もいるでしょう。それなら最初から、次のように書いた方が親切です。

台所で三週間ほど前に、体長五ミリメートルほどの蜘蛛が巣を張っているのに気がついた。天井からぶら下がっている蛍光灯の半球形の笠の真ん中に垂れ下がっている紐の一点と笠の二点を糸で結んで斜めに二等辺三角形を作り、その間に見事な円網を作っていた。

この改善案のポイントは、主役の蜘蛛を早く登場させたことです。冒頭の「台所で三週間ほど前に」という表現は、場所や日時を知らせる舞台設定の部分ですので、読者に「頭でっかち」という印象を与えません。

木下是雄『理科系の作文技術』（中公新書）は、

長い航海を終って船体のペンキもところどころはげ落ちた船は、港外で、白波を蹴立てて近づく検疫のランチの到着を待っている。

という文章を例に使って、

私たちは、長年の修練の結果、「……はげ落ちた船は、港外で、」の次に突如として「白波を蹴立てて……」が現れても少しもあわてない：これをちょっと頭の入口に貯えておいて、「ランチの到着」まで読んで「ああ、そうか。」と納得するのである。
私たちが一つの文を理解するパターンは、文中の句や節が互いに人見知りしてモジモジしながら頭の入口につめかけている：全文を読み終えるとそれらがサッと隊を組んで頭の奥に駆けぬけて行く――といったものらしい。（八十三頁）

と書いていますが、同時に、日本語にも通じている英国の理論物理学者A・J・レゲットが、「英語ではこれは許されない。一つ一つの文は、読者がそこまでに読んだことだけによって理解できるように書かなければならない」と述べていると紹介しています。

私は、修飾語によって頭でっかちになりかねないこの日本語の特性を知っておくべきだとは思いますが、木下教授の言う〝頭の入口の待合室〟に言葉が滞留することなく、スイスイ頭に入って行く文章を書くことはさほど難しくないと思っています。日本語らしさを失うことなしに、上記のレゲットの求めるような文章を書くことができます。右の例文にしても、次のように書き換えればそれが実現するのではないでしょうか。

船は長い航海を終え、船体のペンキもところどころはげ落ちた姿で、港外で停泊している。そこに、検疫のランチが白波を蹴立てて近づいて行く。

こうすれば、主役の「船」と「ランチ」が各々の文の冒頭に出て来るので、〝頭の入口の待合室〟は不要になり、読むそばから頭に入る読み易い文章になります。

　イラクの首都バグダッドで八日、フセイン元大統領と一緒に一九八二年のシーア派イスラム教徒虐殺事件で起訴された側近を担当する弁護士二人の乗った車が武装集団に撃たれ、一人が死亡、一人が負傷した。（『日本経済新聞』二〇〇五年十一月九日）

　これは、主役の弁護士二人の前に多くの修飾語が並べられた頭でっかちの文章です。そのため読者の前に、主役（被修飾語）がなかなか登場しません。次のような改善案はどうでしょうか。

　イラクの首都バグダッドで八日、フセイン元大統領の側近（の弁護）を担当する弁護士二人の乗った車が武装集団に撃たれ、一人が死亡、一人が負傷した。一九八二年のシーア派イスラム教徒虐殺事件でフセイン元大統領と一緒に起訴された側近を、彼らは弁護していた。

『90年版ベスト・エッセイ集　チェロと旅』（文藝春秋）の中には、こんな文章がありました。

　幼い時から、母、続いて父、母親代りだった祖母、と最も身近な肉親をつぎつぎに失い、信仰の篤い北陸の真宗地帯に生れて、通夜、葬儀、初七日、四十九日、年忌、の繰り返しの中で幼年期から青春時代を過ごした私にとって、死と死にかかわる行事は殆ど日常のことのように……
（津村節子「天職」、原文は『新潮』一九八九年九月号）

この直前に、夫の兄弟があいついで亡くなった話があるので、その続きであろうかと思って読んで行くと、大分たってから夫ではなく「私」の話に変わっていたことが種明かしされます。こうなると、それまでに出て来る多くの言葉に〝入口の待合室〟で待っていてもらわねばなりません。この文章も、「私は幼い時から、」と始めさえすれば、問題は消え去ります。

頭から読んでそのまま理解できる文章を書くための心構えについて、木下教授は以下のように述べています。

何よりも必要なのは、話の筋道（論理）に対する研ぎすまされた感覚である：不意に余計な支流が流れこんだり、流れが淀んで行先がわからなくなったり、迂回して流されたり、伏流になったりするのに瞬間的に反応する鋭敏さである。（八十八頁）

私はそれほど難しく考えなくても、まず読者の身になって書くこと、そして端的には主役を早めに登場させることに気をつければ、多くの問題が解消すると思います。

業務上の文章も、ちょっとした配慮で、読み手の負担を軽くすることができます。最初が原文、次が改善案です。

動力コストの絶対額が大きく、今後も事業拡大が見込まれる××県では、節電対策が重要です。

××県では動力コストの絶対額が大きく、今後も事業拡大が見込まれるので、節電対策が重要です。

真夏の日中にフル稼働した場合を想定した××電力との受電契約を、見直す必要があります。

××電力との受電契約は、真夏の日中にフル稼働した場合を想定したものなので、見直す必要があります。

わずかの間でも、「どこの話だろうか」「何の話だろうか」と謎をかけられた状態になるのを防ぐための改善です。書き手にとっては、それは十二分に分かりきった話ですので、ついつい説明が遅れがちになるのです。

3　曖昧《あいまい》接続を避ける

次の三つの文章は、一部の専門家以外は意味が分からないと思いますが、ざっと目を通してみて下さい。

A社は親会社の営業活動に依存し、その資本価値は、純資産時価にすべきである。
事業部の移転には固定資産を伴わず、移管する資産価値は事業価値とすべきである。
税法上、営業権の評価方法に規定はなく、純資産額ベースでの移転が望ましい。

内容はともかくも、著者はこの三つの文章で、すべて理由（因果関係）を説明しようとしているのです。ですから下線の部分は、

「依存しているので」「伴わないので」「規定はないので」

あるいは、

「依存している。したがって」「伴わない。よって」「規定はない。ゆえに」

のように、前後の文章の因果関係を明確に表現すべきです。

単なる並列（A and B）なのか、時系列（A, then B）なのか、因果関係（A, therefore B）なのかが曖昧な「曖昧接続」は、ぜひ避けて下さい。

「親会社の営業活動に依存しており、その資本価値は」のように、「……であり」で因果関係を表す癖のある人もいますが、これも望ましくありません。

最近は、「多くの女性が仕事をすることで、女性の結婚年齢が高くなり」のように、「……ことで」を多用する傾向もみられますが、これもはっきりと「多くの女性が仕事をするようになったので」と書くべきだと思います。

高橋昭男『仕事文の書き方』（岩波新書）は、接続詞などの「つなぎ語」で文章を適切につなぎ、話の流れを読者に予告しながらリズミカルに話を展開して行くことが大切だと説いています。その原則に私も賛成ですので、いくつかの文献を参考にして、さまざまな「つなぎ語」を次頁のように分類してみました。一つの「つなぎ語」の使い方は必ずしも一義的ではないので、あくまでも便宜的な分類です。

図表2　つなぎ語

因果・順接	ので、したがって、よって、だから、ゆえに、このような訳で、そのような訳で、そこで、それで、このため、そのため、そうだとすれば
逆接・限定	しかし、が、だが、ところが、でも、けれども、その反面、逆に、そうは言っても、ただし、それにもかかわらず
並列・追加	および、そして、また、加えて、ならびに、その上、なお、しかも、それから、それに、さらに、これと共に
対比・選択	または、あるいは、それとも、もしくは
根拠	なぜなら、なぜかと言うと、というのは、その訳は、その理由は
時系列	そして、それから、次に、その後、しばらくして、やがて、間もなく、そのうちに、すると、それと同時に
比喩・例示	まるで、あたかも、いわば、ちょうど、たとえば、事実、実際
話題の転換	さて、では、ところで、他方、一方、そういえば、ともあれ、話変わって、ときに
要約・補足	つまり、すなわち、要するに、要約すると、結局、言い換えると、よく考えると、なお、因みに

ここで注意したいのは、「つなぎ語」は必要なところに的確に使うと効果を発揮しますが、格別必要のないところに入れると、文章はうるさく冗長になってしまうということです。特に、並列・追加の「そして」「さらに」「また」などは、思い切って省いてしまうと歯切れがよくなります。

改行して新しい段落（パラグラフ）に入ると、それだけで場面の転換を示唆できるので、「そして」「さらに」「また」などが不要になる場合もあります。

４　逆接への転換

「因果・順接」と共に大事なのが、「逆接・限定」のつなぎ語です。話の流れをそれまでとは逆に変える（あるいは、それまでの論に限定を加える）のですから、そのことを明確に読者に示すことが望ましいと思います。

私はダンス部に入部しました。ワクワクしながら練習を始めましたが、すぐに挫折しそうになりました。まったく形にならないのです。

これはこのままでもちゃんとした文章ですが、希望にあふれていた状態からたちまち挫折へと

暗転してしまったのですから、

私はダンス部に入部して、ワクワクしながら練習を始めました。ところが、当初の意気込みはどこへやら、すぐに壁にぶつかって挫折しそうになってしまいました。まったく形にならないのです。

などのように、逆接の言葉も入れてメリハリをつけ、前後の違いを浮き立たせるとさらに良くなると思います。流れを逆に変えるには、それなりのエネルギーがいるのです。

企業はすでに若手抜てきへカジを切った。（中略）明治維新のように若者に改革を先導してほしい、という考えは変わらない。

ただ、最近は少し心配もしている。（中略。一部のＩＴ企業は）トップが豊かな時代に育ったせいか、自我丸出しに見える。「カネをもうけたい」「会社を大きくしたい」という欲望だけでは人がついてこない。（中略）

とはいえ、若者はダメだと切り捨ててはならない。内面を磨き、謙虚さや慎重さを兼ね備えた若者に頑張ってもらいたい。（京セラ名誉会長　稲盛和夫、『日本経済新聞』二〇〇五年十二月十八日）

この文章には、逆接が二度使われています。「若者に期待したい。少し心配な点もあるが、内面を磨いた若者にがんばってほしい」という趣旨ですから、ここまでなら論旨に十分ついて行けますが、仮に、この後もう一度「しかし」などと逆接の言葉が来たとすると、途端に読者は、「いったい何を言いたいのだろうか」と首を傾げることになるでしょう。

逆接は、多用し過ぎると論旨が迷走する危険があります。一般論としては右の文例のように、肯定→否定（限定）→肯定、あるいは、否定→肯定（限定）→否定、の程度にとどめるべきでしょう。最後の部分は、賛否両論を比較検討した上での結論でももちろん構いません。

この点については、第7章「構成」の3でもう一度触れます。

順接なのか逆接なのかについて、書いている本人が錯覚しているケースもあります。

家庭と仕事を両立させたいという夢については、容易なことではなかろうと期待が薄れつつあったが、忘れたことはなかった。しかし、二週間の現場実習でこの期待が復活し、将来の母親としての自分の像が明確になった。

この場合、二行目の「しかし」は、「そして」とするか、あるいは省くのが正しいと思います。その前の文章が、「期待が薄れつつあった。しかし、忘れたことはなかった」という逆接で、その後は、「忘れたことのなかった夢が、より明確になった」という順接だからです。

5　読点のはたらき

読点の位置によって、言葉と言葉の関係が変わります。高橋昭男の前掲書に、次の例が出ていました。（百三十三頁）

教授は真剣な眼差しで、実験をつづける学生の手元を観察していた。
教授は、真剣な眼差しで実験をつづける学生の手元を観察していた。

最初の文は、教授が真剣な眼差しで観察しており、次の文は、学生が真剣な眼差しで実験しています。これを見ると、小さな読点の大きな働きが分かります。不適切な所にうっかり読点を打つと、意味が変わってしまったり、分からなくなってしまったりするということです。

私もこの人のような人に喜びと希望を与える大人になりたいと思いました。

この文章を声に出して読んでもらうと、ほとんどの人が「この人のような人」と続けて読んでしまいます。しかしこれは、小学生の時に看護師さんを見て、自分も「人に喜びと希望を与える」大人になりたいと思ったという文章です。次のように読点を入れれば、それがはっきりします。

私もこの人のような、人に喜びと希望を与える大人になりたいと思いました。

この例は、「大人」を修飾する二つの修飾語――「この人のような」と「人に喜びと希望を与える」の間に読点を打つべきケースです。（六十九頁①参照）

文章の指導をしていて実際によく問題になるのは、以下のような場合です。最初が原文で、次が改善案です。

①　読点を追加すべき時

テニス部に入ったきっかけは部活見学をした時に楽しそうだと感じたことである。
テニス部に入ったきっかけは、部活見学をした時に楽しそうだと感じたことである。

（主語と述語を分ける。ただし、短い文章では不要）


自分のペースで走るようにしたので最後まで走れるようになった。

自分のペースで走るようにしたので、最後まで走れるようになった。

（原因と結果を分ける。文と文の切れ目を示してもいる）

②　読点を削除すべき時

理想通りにはならなかったけれど、この過程の中で、得られたものは大きいと思う。

理想通りにはならなかったけれど、この過程の中で得られたものは大きいと思う。

（「過程の中で得る」という一連の意味のつながりを分断しない。二つの文の間のみで切る）


スーパーのレジが、きちんとした接客ができなければ、その店のイメージを壊してしまう。

スーパーのレジがきちんとした接客ができなければ、その店のイメージを壊してしまう。

（「レジが接客」という一連の意味のつながりを分断しない。原因と結果の二つの文に分ける）

③　読点を移動すべき時

ここでも、読点で一連の意味の固まりを分断しないというのがポイントになります。

父は三年前に、定年退職をして今は趣味に打ち込んでいる。
父は三年前に定年退職をして、今は趣味に打ち込んでいる。
（「三年前に退職」を分断せず、時や場面の転換を示す所に読点を入れる）

まだ、平泳ぎが苦手だが練習を続けている。
まだ平泳ぎが苦手だが、練習を続けている。
（「まだ苦手」を分断せず、二つの文の間に読点を移動する）

私が現在も、この仕事を続けているのは接客の楽しさを学んだからです。
私が現在もこの仕事を続けているのは、接客の楽しさを学んだからです。
（「現在も続けている」を分断せず、結果と原因を分ける）

新聞の文章の中にも、読点について気になるものを時折見かけます。

オベリスクはエジプトの石碑で征服したローマが持ち帰って要所に立てた。
（『日本経済新聞』二〇〇七年一月二十二日）

この文章は、「石碑で」の後に読点がほしいと思います。「オベリスクは石碑だ」「ローマが持ち帰って立てた」という二つの文の切れ目を示した方が親切というだけではなく、「軍事力で征服」「三日で征服」というような用法が多いので、「石碑で征服」と読んでしまう人も多いと予想されるからです。

コラム
日本語も論理的で明快

私は、主に日本語と英語で文章を書き、その他二、三の言語に触れる機会がありましたが、若い頃から、「日本語で十分に論理的な文章が書ける」と言い続けてきました。加賀野井秀一『日本語は進化する』（ＮＨＫブックス）の中に、私の持論を代弁してくれている部分を見つけました。

わが同胞たちの間では、どういうわけか「日本語はあいまいな言語である」という「神話」がまことしやかにささやかれてきたが、（中略）日本語があいまいに見えるのは、人々がそれをあいまいに使おうとする別のファクターによるのであって、決してそれは日本語の罪ではない。たとえば格関係ひとつをとっても、テニヲハによってそれを克明に示す日本語は、ほとんど語順にたよっているだけの英語などにくらべて、格段に明晰なのである。（百八十九頁）

加賀野井教授はこの後、"He called me a doctor."という英語は、「彼は私に医者を呼んでくれた」のか、「彼は私をドクターと呼んだ」のかが不明確だ、などの例をあげて、日本語の方が明確だと主張しています。

私は、どの言語にも得手不得手の表現があるので一概にどちらが明確であるとは言えないと思いますが、英語でも日本語でも、曖昧な文章も書ければ、論理的で明快な文章も書けると思っています。

こんな文章に出会いました
＃４「辛いからこそ大根!!」

おばあちゃんが、むこうはち巻きにたすきをかけると、私達孫どもは、かたずを飲んでおばあちゃんをとり囲みます。

「さあ！　いいか！　始めるぞ！」

そう高らかにいうと、大根の尻尾の方をわしづかみにして、眼をつり上げ、歯を食いしばって、

「きえっーー！」

と気合するどくすりはじめます。

「おばあちゃん！　やった！」

私達が拍手を送ると、

「大根おろしは、敵《かたき》に会ったつもりですするもんだぞ！」

といって、残った大根をふり上げて大見得を切ったものでした。

そんなおばあちゃんに育てられたわけですから、私は辛い大根おろしが大好きです。炊きたてのご飯にたっぷりとかけ、それを食べる時は、あまりの美味なためか、あるいは大根の辛さのためか、思わず涙があふれるのです。

ところが、この頃の大根ときたら、気合を入れ、歯を食いしばっても、ちっとも辛くあり

ません。それもそのはずです。今の大根は、青首といわれる種類のものばかりで、姿かたちはよいが辛くないように改良されたものだというのです。とんでもありません。辛くない大根なんて改悪です。文化の崩壊です。（高橋則之「辛いからこそ大根!!」、『山月』二十四号、文藝春秋『84年版ベスト・エッセイ集 午後おそい客』に再録、抜粋）

《感じたこと》

私も、辛い大根こそが美味しいと思います。消費者におもねるあまり良き文化を切り捨てるこのような風潮を、寂しいと思います。

出版業界もその例にもれません。「当節、軽くサッと読める本以外は売れません」「ともかく面白い題名を考えてください。今は、中身よりも題名です」「出版業界は、不況に悩んでいます。あまり売れそうにない真面目ないい本を出そうなどと考えている余裕はありません」、多くの出版社が異口同音にそのような話をします。そうして自らの首を絞めているのではないでしょうか。（幸い我が「くろしお出版」には、そのような安易な姿勢はありません）

第5章　短い文章で書く

1　なぜ短い文章なのか

文章を書く作業とは、最初に相手（読み手）が今立っている所に共に立ち、それから自分（書き手）が目ざす所まで、道案内をしながら一緒に行く旅のようなものです。

その旅の過程では、句点（。）が来る度にそこに読み手と共に着地して、現在位置を確かめ、また次の着地点を目指して一緒に進みます。ですから、快いテンポで着地を繰り返し、句点が来る度に「なるほど、そうか。分かった。それで？」と思ってもらいながら共に歩む文章が、いい文章です。なかなか句点が来ない長い文章は、「いったいどこに連れて行かれるのだろうか」という不安を抱かせたまま、読み手を心理的に宙吊り状態に保つ結果になってしまいます。

日本語には、英語などに比べてより短い文章が推奨される理由が少なくとも二つあります。

第一に、多くの場合結論（述語）が文末に来るので、一つの句点が終わった後の文章をすべて記憶したまま次の句点まで来なければ、意味が取れなくなってしまいます。ですから長い文章は、読み手に記憶の負担をかけてしまいます。

第二に、日本語には修飾語が原則として頭に付くという特性があります。そのため修飾語がいくつか連なると、その文章の主役（被修飾語）がなかなか登場せず、やはりその間、読み手に記憶の負担をかけてしまいます。

英語の場合は、「誰が誰に何をした」という文章の主要な骨組み（幹）を読者に提示した後、関係代名詞などを用いて補足的な説明を後に付け加えるので、文章が長くなっても読者の頭を疲れさせません。

日本語でも、工夫次第では読むそばからスラスラ頭に入る長い文章を書くことが可能ですし、文章の長短に変化をつけることも必要ですが、上記の二つの特性から、一般に短い文章の方が明快なのです。

2　一文一義

第3章の最初に取り上げた三つの文例（詳細なレポートへの賛辞、警視庁による五人の逮捕劇、婦人服売り場のアルバイトで得たもの）でも、一つの文で一つのことのみを論ずる一文一義の原則について触れました。この原則にのっとって文章を区切ることをまず心がけて下さい。

ある商社への入社を希望する学生が、エントリー・シートの「志望動機」欄に次のように書きました。

国内だけに止まらず、国外への輸出入など世界でも活躍する幅広さや、人材を貴重な資源と考え、人間尊重を企業理念として掲げている所に、ファーストフード店でアルバイトしてきた私にとって、とても共感でき、ただ人材育成を行うのではなく、新入社員一人一人の個性を伸ばし、自らで新しい道を切り開いていく方針に仕事に対する意欲が増し、成長していけると思ったからです。

これは、思いつくことを次々と書いて行くうちに、文章がダラダラと長くなってしまった例です。主語と述語の関係も、混乱しています。最後まで読んでも、「雑然といろいろなことが書かれていたが、何を言いたいのかよく分からない」という印象が残ってしまいます。

この文章を書いた学生と話し合ってみたところ、言いたいことは仕事の国際的な広がりと、人を大事にする経営の二点だが、後者がより重要だと思っているとのことでした。そこで、重要なことを先にして、以下のような改善案を一緒に作りました。

御社が人材を貴重な資源と考え、人間尊重を企業理念として掲げているところに惹かれました。新入社員も一人一人の個性を伸ばし、自ら新しい道を切り開いていくことを促すという育成方針を伺い、そのような場で私も成長して行きたいと、意欲が湧いて来ました。また御社では、国内だけに止まらず、輸出入を通じて世界の舞台で活躍できることも魅力です。

長い文章を、三つに分けました。最初の文章で人間尊重の理念に焦点を当て、二番目の文章で、そのことが自分にとってどのような意味を持つかを述べ、その後改行した上で、国際性にも触れました。明らかに別の話題に転ずる時には、改行してそのことを視覚的にも示した方が、読者に親切です。

「ファーストフード店でアルバイトしてきた私」については、この後エントリー・シートの中で二度も言及しているので、ここでは省くことにしました。この話を冒頭のここで持ち出すなら、ファーストフード店にとって人材育成がいかに大事かというところまで説明しないと、読者の理解は得られません。その説明を始めたら、話がわき道にそれ過ぎてしまいます。

「ただ人材育成を行うのではなく」も、何を意味するのかが曖昧なので削除しました。丁寧に見ると、「国外への輸出入」も論理的におかしい（国外への輸入はありえない）ので、「国外への」を削除しました。輸出入と言えば、海外が相手であることが明白です。このように、曖昧な部分や不要な部分を削除すると、文章はさらに短くスッキリしたものになります。

食品会社に入社を希望している学生は、「どんな仕事をしたいですか」という質問に対して、次のように書きました。

日頃多くの家庭の食卓に並ぶ冷凍食品や常温食品は日々進化し、より家庭でも食べやすい新商品が数多く出て来ているので、他社に負けないような、子供から高齢者までに幅広く愛されるユニバーサル・デザインの商品を考え、世に出せたら、御社のためだけでなく、自分の成長にもつながると思います。

これも全体が一つの文章からなっていて長過ぎますので、話し合ってまず次のように改めました。

冷凍食品や常温食品は日々進化し、家庭でも食べやすい新商品が数多く出て来ていますので、他社に負けないような商品を考え世に出せたら、御社のためだけでなく、自分の成長にもつながると思います。子供から高齢者までに幅広く愛されるユニバーサル・デザインの商品を開発したいと思います。

この改善案では、「商品」に付いていた長い修飾語「子供から高齢者までに幅広く愛されるユニバーサル・デザインの」を取り出して、別の文章にしてみました。一般に長い修飾語や挿入句は、文章の流れを妨げ、読者を疲れさせてしまいます。別の文章にして後に添えることで、言いたいことが十分伝わると思います。

また、「家庭」という言葉が一行目に二つありましたので、一つを削除しました。一行目の「日頃多くの」「より」という言葉も削除しました。このように何気なく書いた言葉には、省いても一向に意味の変わらないものがたくさんあります。

さらに検討してみると、この文章は、事業環境の説明がすんだところで一度着地して以下のように書けば、より簡潔・明瞭になることが分かりました。

冷凍食品や常温食品は日々進化し、家庭でも食べやすい新商品が数多く出て来ています。御社で、子供から高齢者までに幅広く愛されるユニバーサル・デザインの優れた商品を開発して世に出せたら、御社のためだけでなく、自分の成長にもつながると思います。

「他社に負けないような」は削除しましたが、その趣旨は十分に伝わっていると思います。ここでも文章を二つに分けましたが、その間をつなぐ言葉は不要です。

3　簡潔な表現

次の例では、冗長な部分を簡潔に書き換えましたが、いずれもそれで意を尽くせていると思います。最初が原文で、次が改善案です。

私の特徴を一つ挙げるとするなら、几帳面なのだろうと思う。というのは、思いのほかよく人からそう言われるからである。

私の特徴を一つ挙げるとするなら、几帳面なのだろうと思う。人からよくそう言われる。

北朝鮮の起こした拉致問題は、解決するためにも必ず知っていなければならないし、忘れてもならない。

北朝鮮の起こした拉致問題は、解決するまで忘れてはならない。

私は水泳のおもしろさに取りつかれてしまったかのように、泳ぐということが好きでたまらなくなってしまいました。

私は水泳のおもしろさに取りつかれてしまいました。

前項にもそのような例がありましたが、一気に書いた文章を後で読み返すと、削れる言葉がたくさん見つかるものです。「一語でも短く、一字でも短く」と常に心がけて、不要な言葉を削り、あるいはより短い表現に置き換えると、言いたいことが鮮明に浮かび上がります。読者にとっても、負担が少なく読みやすい、歯切れのいい文章になりますので、より好感を与えることができます。

4　重複をなくす

少なからぬ人が、同じ言葉を繰り返して使う癖を持っています。

ある人は、「とき」「とき」と書くのが癖でした。最初が原文、次が改善案です。

高校のときに部活で先生に怒られたとき、友達が笑顔で励ましてくれたときがあった。
高校時代、部活で先生に怒られたとき、友達が笑顔で励ましてくれたことがあった。
演じ終わったときにみんなの笑顔が見られたとき、すごくうれしかった。
演じ終わってみんなの笑顔が見られたとき、すごくうれしかった。（または）
演じ終わったときにみんなの笑顔が見られた。それが、すごくうれしかった。

「という」「という」という癖もあります。

一人になるという時間や場所があまりなかったということもあり、水泳が私にとってリラックスできる場だったというのがあると思います。
一人になる時間や場所があまりなかったので、水泳が私にとってリラックスできる場だったのだと思います。

他人と一緒に暮らすということは、自分を主張するのと同じくらい他人の意見を尊重することが必要になる。
他人と一緒に暮らすためには、自分を主張するのと同じくらい他人の意見を尊重することが必要になる。

自分の意見を強く主張しすぎるということは、衝突を招く結果になってしまう。
自分の意見を強く主張しすぎると、衝突を招く結果になってしまう。

調整を行うということは、自分の意見を持ちながら行うべきものである。
調整は、自分の意見を持ちながら行うべきものである。

次は、四つの「いろいろな」を、一つにまとめた例です。

いろいろな人の話を聞くと、この先の十年はいろいろな経験をして、十代とは違った中身の濃い十年であるようです。十年は長いようで短いのだろうと思いますが、いろいろな経験を積んで、魅力的な女性になっていたいと思います。いろいろな経験をすることで、自分が成長できると思うので、どんなことにも貪欲にチャレンジしていきたいと思います。

先輩の話を聞くと、この先の十年は十代とは違った中身の濃い十年であるようです。十年は長いようで短いのだろうと思いますが、その間にいろいろな経験を積んで、魅力的な女性になっていたいと思います。自分の成長のために、どんなことにも貪欲にチャレンジしていきたいと思います。

「とても」や「本当に」という強調語を、何にでも添える癖のある人もいます。「少しでも」のような言葉も、繰り返しがちです。

教育ボランティアを通して現代の子供の実態に少しでも触れることができ、今の子供に必要な教育のイメージが少しでも掴みやすくなったと思います。

ここでは、「少しでも」という言葉は二つとも不要です。ついでに、「現代の」「今の」も重複しています。下線を引いた四つの言葉のうち三つを削ると、次のようにスッキリとします。

教育ボランティアを通して子供の実態に触れることができ、今の子供に必要な教育のイメージが掴みやすくなったと思います。

本人が気づかないうちに、無用な重複を書いている場合もあります。

たくさんの人が楽しむためには、なるべく多くの人の意見を聞くことで幅が広がり、皆が楽しめるものになると思います。

この文章は、「たくさん（＝多くの、皆が）」という視点だけから書かれていますので、

たくさんの人が楽しむためには、たくさんの人の意見を聞くことで幅が広がり、たくさんの人が楽しめるものになると思います。

と言っているのと同じです。最初と最後は全く同じことを繰り返しているのです。「多様性」と「多数」の二つの視点から、重複を省いて書くと次のようになります。

さまざまな異なった意見を聞くことで幅が広がり、皆が楽しめるものになると思います。

会話は、どんどん流れ去って後に残りません。思いついた言葉から口にして、次々と言い足して行きます。一方、文章は流れ去り消え去るものではなく、できあがった全体から意味を読み取ってもらうものです。

いずれにしても、言葉を生み出して行く過程では、心理の流れがそこに反映します。たとえば、

教育ボランティアの活動を通して得たものがあっても、自分がまだ知らないことも多いという謙虚な気持ちを抱いていると、右の例にあったように、「少しでも」「少しでも」というような言葉が出て来ます。思考過程の模索や迷いやストレスも、言葉になって出て来ます。

会話の場合には、一旦口から出た言葉は消せないので、どんどん追加して行くだけですが、文章は、引き算もある世界です。文章を生み出す過程の模索や迷いやストレスの跡は消した方が、読者に親切です。

さて、以上は言葉の重複の話でしたが、次に同じ趣旨の文章の重複について考えます。ここでは、改善案の方を先に示してみます。

日本のいいところは、伝統や文化を大切にする心、自然に感謝する心を持っていることです。その心の表れとして、歴史ある数々の寺院や文化遺産が今も大切に守られています。このような文化遺産に触れることによって、昔の人の知識や思想を学ぶことができます。また、昔の人は、山や川などあらゆる自然に神様が宿っていると信じ、自然に感謝しながら暮らしていました。いわゆる「万の神」の思想を持って、自然と共生して来ました。

今、その自然と共生する意識が、希薄化しています。産業が発達し、私たちの暮らしは物質的に豊かになり、便利になる一方で、自然を身近に感じる機会が減り、自然破壊が進んでいます。自然と共生する意識が希薄化すると、自分の周囲を思いやり、感謝する気持ちを欠くことにもつながると思います。家族同士が傷つけ合う少年犯罪や親の虐待が絶えない事実は、家族間においても互いを思いやる意識が薄らいでいることを示しています。自分を取り巻く自然や多くの人々とつながって生きていることを意識し、それを思いやる心を持つことが必要だと思います。（四五四字）

この文章の原文は、以下のようなものでした。主に下線を引いた部分を、改善案では削除したり、簡潔な表現に変えました。

日本の良いところ、悪いところを、私は日本人の意識に焦点をあてて、以下のように述べます。

まず日本のいいところは、伝統や文化を大切にする心、自然に感謝する心を持っていることです。伝統や文化を大切にする心の表れとして、歴史ある数々の寺院や文化遺産が今も大切に守られています。このような文化財が残っていることで、目でみて当時の歴史を知ることができ、昔の人の知識や思想を学ぶことができます。また、自然に感謝する心として、「万の神」の思想が挙げられます。昔の人は、山や川などあらゆる自然に神様が宿っていると信じ、自然に感謝しながら暮らしていました。この思想は、自然と共生する上でとても重要な思想であると思います。自然環境が悪化している今、「共生する」意識をもう一度見習うことは大切な試みだと思います。

次に、日本の悪いところとして、共生する意識が、以前に比べて希薄化しているところが挙げられます。産業が発達し、私たちの暮らしは物質的に豊かになり、便利になる一方で、自然破壊が進み、自然を身近に感じる環境が減ってきています。自然と共生する意識が希薄化することが、周囲を思いやったり、感謝する気持ちを欠くことにつながります。そして、人間関係においても影響があると考えられます。特に現代、家族間で起きる少年犯罪や虐待が絶えない事実は、家族間においても互いを思いやる意識が薄らいでいる証拠だと思います。やはり、一人一人が思いやる心を大切にし、自然や多くの人とつながって生きていることを意識することが必要であり、その意識を認識させる環境づくりが必要です。きっと、一人でも多くの人がその意識を持つことで、より良い未来になると思います。（七〇四字）

最初の二行は、余計な前置きをせずにいきなり核心に入ろう、という考え方に立って削除しました。最後の下線の部分は、よく見かけるタイプの締めくくりですが、この前の文章で既にこのような趣旨のことは言えています。その上やや歯の浮くようなきれいな言葉を畳みかけて終わると、かえって個性と説得力のない文章になってしまいます。途中のいくつかの下線部分も、前後の文章で言えていることを繰り返していますので、全体が水で薄められているような感じを与えます。改善案は、原文より三十五パーセント文字数が少なくなりました。

５　修飾語を最小限に

一般論として、修飾語も必要最小限に抑えた方が、説得力のある文章になります。「非常に驚いた」「極めて重要だ」と書くよりは、ただ「驚いた」「重要だ」と書く方がしばしば強い表現になるということが、昔から指摘されています。

昨今の新聞のテレビ番組表は、極端に強い修飾語を並べるとどうなるかを示す典型例です。ある日の番組表には、

> 90億円女社長の苦悩 都内一望豪華生活裏話、セレブ犬の㊙ランチ、現役社長生激白、裏稼業&極秘ライブに㊙潜入＊＊絶句、激ウマ食堂最高級の＊＊山盛り濃厚味の＊＊丼、極厚ヒレ肉に㊙ソース絶品＊＊、超人気イケメン俳優の素顔密着、興奮度ＭＡＸ未体験オドロキ映像

などという言葉が並んでいました。極端な修飾語が、行き着く所まで行ってしまっています。それは、針が目盛り一杯まで振れてしまった測りのようなもので、もはやそこにある言葉は生きていません。いくら声を枯らして必死に叫ぼうと、人に訴えかける力が乏しくなっています。修飾語は、やや控え目に使ってこそ生きた働きをしてくれるのです。

6　省略の意味するもの

そもそも文章というものは、書き手が一生懸命あれもこれもと文字を連ねても、そのすべてが読み手に伝わるという保証は全くありません。読み手にとって理解しやすく、かつ関心を持てる部分、共感できる部分だけが伝わるのです。

ですから、二十パーセントの言葉を的確に省けば、伝わる量が二十パーセント減るのではなく、残りの八十パーセントがより確実に印象的に伝わり、かえって伝わる内容の総量が増えることがしばしばあります。

また、もしすべての文章に5W1H（誰が、誰に、何を、いつ、どこで、なぜ、どのようにして行ったのか）を漏れなく書いたら、とてもくどくて読むに堪えないものになってしまいます。何でも丁寧に漏れなく書いたらいいというものではありません。

明治・大正時代に活躍したジャーナリスト堺利彦は、以下のように書いています。

事実そのままは無限無究のものである。大にも際限がなく、小にも際限がない。そこでその無際限のうちから、要点の部分々々を抜き取って、それを配列し、接続し、組み合わせたのが人の思想で、その思想を外に現したのが文章である。故に文章の根本生命は省略にあるということもできる。（『文章速達法』講談社学術文庫　七十五頁、原文は一九一五年）

もともと文章にすべてを書くことは不可能なのです。読者がどこまで分かってくれるかを推し量りながら、的確に省略するところに、文章の面白さがあるとも言えます。

自分であまり説明し過ぎない書き方も効果的です。

ある学生は、自己ＰＲの文章に、「書道で三年連続学年代表に選ばれるという快挙をあげた」「美術部での私の頑張りに皆目を見張っていた」「アルバイト先ではオーナーに信頼され新人教育を任されている」というような表現を並べていました。

ここまで書くと、読み手は引いてしまいます。「三年連続学年代表に選ばれた」「新人教育を任されている」というような事実だけを書いておけば、読み手が「それはなかなかのことだ」「オーナーにも信頼されているのだろう」と、補って読んでくれます。あれこれ解説を加えないで事実にだけ語らせ、読者に補って読んでもらえれば、文章は簡潔になり、共感度は高まります。

五木寛之があるエッセイの冒頭に、次のように書いていました。

私は歌謡曲大好き人間である。歌謡曲のない日本列島には住みたくない、と思っているぐらいだから、かなりのものだ。（「和讃から『女人高野』へ」、『オール讀物』二〇〇二年十一月号、文藝春秋『03年版ベスト・エッセイ集 うらやましい人』に再録）

このような場合にも、最後の「ぐらいだから、かなりのものだ」という部分を取ってしまった方が、共感度が高まると私は思います。それを承知の上で敢えて書かれたものなのでしょうが。

以上、本章では、短い文章で書くことの意味と、そのための具体的なヒントを紹介しました。第2部の終わりの「明快な文章表現のためのチェックリスト」（百八十五頁）で、その要点を確認してみて下さい。

●コラム　悪文の代表選手

野口悠紀雄『「超」文章法』（中公新書）は、「税法の条文の多くは、主語と述語の対応関係がすぐ読み取れない構造の複文になっている。非常に読みにくい。『一読難解、二読誤解、三読不可解』と言われるゆえんだ」として、以下の条文を例にあげています。（百八十八頁）

法人税法第三五条の二　内国法人が、各事業年度においてその使用人としての職務を有する役員に対し、当該職務に対する賞与を他の使用人に対する賞与の支給時期に支給する場合において、当該職務に対する賞与の額につき当該事業年度において損金経理をしたときは、その損金経理をした金額のうち当該職務に対する相当な賞与の額として政令で定める金額に達するまでの金額は、前項の規定にかかわらず、当該事業年度の所得の金額の計算上、損金の額に算入する。

これは全体が一つの長い文章になっていて、主語と述語、修飾語と被修飾語、その他言葉と言葉の関係が分かりにくく、確かに読みにくい文章です。

しかし、本多勝一『実戦・日本語の作文技術』には、この条文など問題にならないほどの悪文の例が載っています（百四十一頁）。「公電漏洩事件」の二審判決の「理由」の冒頭に現れる文章だそうです。

文庫本一頁分もの量がたった一つの長い文章でできていますが、それは本当に理解不能です。

本多氏は、その文章がなぜ分かりにくいのかについて、辛抱強く二十頁以上にわたって解析していますが、ここでは原文も解析も再掲しません。たとえば原文の二行目に「その骨子は」とありますが、最後まで読んでも何が骨子なのか分からないような文章ですので、読者の時間を費やしていただく価値がないと思うからです。日本の知的エリートがこのような悪文を書き、社会がそれを容認してきたのはとても不思議なことです。

日本で出まわっている翻訳も、悪文に満ちています。外山滋比古『日本の文章』（北斗出版、および講談社文庫）には、

読んでさっぱりわからぬ文章の見本を見たかったら、（中略）秀才たちが学才を傾けて作った翻訳を見ればいい。天下に知られた文庫にそういうチンプンカンプン訳文がごろごろしている。（中略）わからぬは読者の非なりと澄ましているのはどんなものか。

とありました。「秀才たちが」云々は皮肉に違いなく、誤訳も少なくありません。最も困るのは、文意を理解してからそれを日本語らしい日本語で表現するのではなく、単語を辞書的に逐一日本語に置き換えてつなげただけで、全体として何を言っているのか訳者にさえ分かっていない文章を平気で世に出して来たことです。

その原因の一つは、質よりもスピードを重んじる出版社の商業主義にあるという説を耳にしましたが、日本の読者が意味の分からない翻訳に出会うと、自分の頭を疑って訳文を疑わない過度の謙虚さを持っていることも反省せねばなりません。

●こんな文章に出会いました
#5「『とても』の話」*

近年、日本アルプスあたりの山ことばから出て都会にも広がり、急速に新代の人々に普及したことばづかいで、われわれ老生どもはほとんど使わず、むしろなお、いくらか耳に異様に響く言いぐさに、「とてもおもしろい」などと、「とても」を肯定的に使うところの副詞がある。「とても」は、「おもしろくてとてもたまらぬ」などの文句のように、古来もっぱら否定に伴う慣例である。「とても」の肯定的用法は、たぶんは、「とてもたまらぬほどおもしろい。」などというような理路から発達したものと思われる。「とても」は、「とてもかくても」の省略であることはもちろんであるが、この省略法は鎌倉時代以後の語法であるらしい。（新村出『日本の言葉』一九四〇年、抜粋）

《感じたこと》

私の高校二年の国語の教科書の中に見つけた文章です。今の若い人が「ぜんぜん平気」「ぜんぜん美味しい」などと、「ぜんぜん」を肯定的に使うのを聞いて、我々の耳に異様に響くのと同類の話なのでしょう。「とても」がそういう言葉であるとは気がつきませんでした。

第6章
言葉の選び方

第3章では、「誰が誰に何をしたのか」などの文章の幹をはっきり表現すること、第4章では、文章の中に並べられた言葉の相互の関係を読者に一目で分かるようにすること、そして第5章では、短い文章で書くことの大切さを説明しました。

この章では、実際に文章を書くにあたってどのような言葉を選んだらいいかを考えてみます。使う言葉はテーマによってもちろん変化しますが、明快な文章を書くために常に心がけるべきことは、「親切に書く」ということです。社会生活では、何かにつけて相手の立場に身を置いてみることが大切ですが、よく伝わる文章を書くためにも、読者に対する思いやりを持ち、読者の負担を軽くし、分かりやすく書こうと常に配慮することが必要です。

1　易しい言葉で書く

私は長年ビジネスの世界にいましたので、対象とするすべての人に誤解なく、簡潔・明瞭に伝わる文章を、いつも求められていました。社員であれ、顧客であれ、取引先であれ、ちょっとした誤解や理解不足が、大きな問題や損失につながるからです。

北朝鮮（朝鮮民主主義人民共和国）が、二〇〇六年七月五日に七発のミサイルを発射したことについて、ある大学教授が次のような論評を新聞に書いていました。

　何しろ、アメリカの独立記念日（七月四日）を狙っての威嚇である。これで北朝鮮問題をめぐる日米の関心の非対称が縮むことになる。（『読売新聞』二〇〇六年七月六日）

前後を読むと、アメリカ外交はイラクとイランで手一杯で、北朝鮮には関心が薄かったが、これでアメリカの世論や議会が北朝鮮問題に関心を高め、日本の北朝鮮に対する大きな関心との差が少なくなるだろう、という意味であることを察することができますが、それをわざわざ「日米の関心の非対称が縮む」と表現することはないように思います。

私が学生だった頃の社会科学系の本は、こんな表現に満ちていて悩まされたものでした。長年漢文が教養の象徴だった日本には、難しい言葉を使う人を尊敬する風潮がありましたが、伝えたいことを確実に伝えるためには、なるべく多くの人が知っている易しい言葉で書くことが大切だと思います。易しい言葉でも、複雑な事象を説明することは十分にできます。むしろ内容が難しければ、なおさら易しい言葉で親切に書くべきなのです。

広く普及していないカタカナ語、狭い世界の中だけで通じる専門用語や特殊な表現、若者言葉なども避けるべきです。どうしても使いたい時には、たとえば「フリクション（摩擦、あつれき）」などのように簡単な説明を付けるようにします。

2　意味不明の言葉は使わない

私は、インターネットを通じて、時々ある図書館に本の貸し出しの予約をします。予約申し込みを送信すると、しばらく前まで、

予約状況　「受付中です」

というメッセージが表示されました。私は最初不安でした。「受付中」では、「まだ受付ける手続

きが進行中」、つまり受付けは完了していないとも取れたからです。

今は、「予約登録しました」という表現に変わりましたが、その下に、「予約状況確認画面から確認できます」とあります。そこで「予約状況確認画面」を探しますが見当たりません。そのうち、意味からすると「予約状況照会へ」がそれらしいと気づきます。「確認」を「照会」と言い換えるのは不親切だと思いながらその画面に切り替えると、そこに「受付中です」という前の表現が生きていました。しかもそれがしばらくすると、「予約中です」に変わります。

図書館側はいろいろきめ細かい情報を提供しているつもりでしょうが、利用者の側から見れば「受付中」も「予約中」も、安心のできない表現です。なぜストレートに、「予約を受け付けました」とか、「予約済です」「予約完了」などと言ってくれないのでしょうか。多分、自分たちが本を「準備中」であることと混同してしまっているのでしょう。

卒業論文のテーマは、「虐待を受けた子供のトラウマと、その現状について」です。

という文章をある学生が履歴書に書きました。これは、よく聞いてみると、「子供の時のトラウマが、成人後に与える影響について」というテーマであることが分かりました。本人はそのつもりでも、「現状」だけではそれが読み手に伝わりません。常に、読み手側に立ったチェックが必要です。

新聞紙面でも、時々意味が分かりにくい文章に出会います。

（その商品は）爆発的に売れた。生産が追いつかず、納期を尋ねると、「昨日」と言われるような状態だった。（『日本経済新聞』「私の履歴書 島野喜三」二〇〇五年七月十六日）

これを読んで、ふと立ち止まって考えたのは私だけではないと思います。まず、納期を尋ねたのは誰でしょうか。供給者が「いつまでに必要ですか」と尋ねたのか、購入者が「いつまでに納入してくれますか」と尋ねたのか、その両方が考えられます。少し考えれば前者であろうと察することはできますが、一目でそれと分かるように書いた方が親切です。

首を傾げるのは「納期は昨日」という返事です。何人かに読んでもらったところ解釈が別れましたが、有力だったのは、供給側が忙しさのあまり納期を忘れていて、それを顧客に問い合わせたところ「納期は、昨日でした」と言われたという説でした。しかし、しっかりとした会社が納期を忘れることなど滅多にありません。

この文章の書き手に近い筋に確認したところ、これは以下のようなことを意味した文章でした。

（その商品は）爆発的に売れた。注文を受けた時に希望納期を尋ねると、「今すぐこの場でほしい」と言われるような状態だった。いかに急いでいるかを強調するために、「希望納期は、昨日」と冗談めかして答える客まであった。

このようなやりとりはとても印象的で、後々語り草になったのだと思いますが、状況を知らない読者にそこまで推し量れというのは、少し無理があったと思います。読者が知っていることをくどくどと書いてはいけませんが、逆に、書き手にとってあまりにも当然のことは、読者が知らないことでも書き漏らしがちなので注意が必要です。

デジタル家電などさまざまな製品の取扱説明書に、分かりにくい文章が氾濫していることは、しばしば指摘されています。書き手（製品の作り手）には当たり前でも、読み手（消費者）にはチンプンカンプンの専門用語を羅列したり、混乱した文章で込み入った説明を長々とする無神経さには、腹が立ちます。

急成長したＩＴ業界には、特に問題がありそうです。コンピューター・ウィルスの侵入を防ぐためにある会社と契約していると、ウィルス付きメールが届いた時に警告メッセージが表示されます。自動駆除に失敗した場合、手動で対策を講ずるようにという趣旨の「未解決リスクの解決」という頁にたどり着きますが、その二頁ほどの文章は、意味不明な言葉だらけです。

冒頭からまず、「未解決リスクの解決」という頁と、「手動修復ウィンドウ」「未解決リスクページ」

などと称するものが同じものを指すのか別のものを指すのかが判断できません。「リスク名をクリックすると」とありますが、「リスク名」はどこにも見当たりません。代わりに「リスク」と「名前」が別々にありますので、どちらを選択すべきか戸惑います（「リスク」を「リスクの程度」、「名前」を「リスク名」とすれば、誰も戸惑うことがなかったでしょう）。「依存関係」「他のプログラムに機能性を提供する」というような表現は、英語からの直訳ではないかと思われますが、いずれも何のことか分かりません。この二頁ほどの文章の疑問点を逐一あげていったら、数十項目にもなるでしょう。画面の中の「詳細情報」をクリックすると、さらに意味不明の言葉の洪水の中に放り込まれてしまいます。

残念ながらＩＴ業界が顧客に発信しているメッセージは、しばしばこのように意味不明です。ここには、読み手の立場に立てないという問題だけではなく、そもそも言葉について関心が薄いという問題もありそうです。時には、翻訳会社が原文の意味が分からないままに、ただ機械的に外国語を日本語に置き換えただけではないかと疑われるケースもあります。こんな中で「日本人に分かる日本語」のために投資する会社が現れたら、他社との明らかな差別化に成功するでしょう。

＊

日本には以心伝心を尊ぶ伝統が長らくありましたので、お互いにとりあえず浮かんで来た言葉を吐いて、「後は私の言いたいことを察して下さい」という安易な風潮があるように思います。

先輩が後輩に対して、「そこまで言わなくても分かるだろう」「俺に、そこまで言わせるのか」などと言って、正確な言葉できちんと説明することを怠る風潮もありました。

以心伝心と言えば、名著『英文ビジネス・レポートの書き方』（脇山俊著、ジャパンタイムズ、一九八〇年）に、次のような指摘がありました。私も全く同感です。

ビジネスなどの仕事において、英米人が作文を重んじることは、我々の想像を絶するものがあるが、日本人は、微妙なこと、詳しいことは文章にせず、面談のうえ口頭で補足説明しようとする傾向が強い。（中略）自分の考えを文書にして相手に渡すよりは、会って口頭で説明する方がよりエチケットにかない、しかも効果的であると考えられている。（中略）

英米人は、すべての論点を文書に明記しなければ気が済まず、その文書は、口頭の補足説明がなくても一読してすべてが分かるように、self-explanatory になっていなければならない。日本流のアッサリとした以心伝心の作文は通用しないのである。（「まえがき」から。self-explanatory は、その言葉自身がすべてを説明していること）

確かに、日本人は大事な用件を文書で伝えることを失礼だと考え、会って直接口頭で伝えることを尊びますが、その際もあまりあからさまに説明せず、曖昧な言葉で伝え、相手から「分かっていますよ、おっしゃりたいことは」と言ってもらえることを理想としてきました。ここにも、明快な文章表現が発達しなかった理由があると思います。

森本哲郎『日本語 表と裏』（新潮文庫）は、日本人が曖昧な言葉を好むのは、相手が既に何もかも心得ている以上、はっきり言う必要はないと考えているからだ、としています（二十二頁）。相手が「一を聞いて十を知る」利発さを持っている時に、明確な言葉を使ったら失礼にあたるというのです。

同書はまた、「日本という同質社会では、おなじことがいいことなのであり、人並外れた意見というのは白い目で見られる」と指摘しています（三十一頁）。ですから、相手との意見の相違があからさまにならないように、お互いに曖昧な表現で相手の意向を探り合う表現が発達したのかもしれません。別の本は、相手に裁量の余地を残すために、意図的にぼやかした表現で相手の意向を問いかける奥ゆかしい伝統が日本にあるのだと主張していました。

私はこれらの伝統を否定するものではありませんが、社交が主目的の手紙ならともかく、事実や思想を相手に伝えることが目的の文章では、曖昧さを残さない表現をぜひ推奨したいと思います。ましてや、後で責任を問われないように曖昧な表現にしておこうとするのは論外です。内容の貧弱さ、曖昧さ、論理的な矛盾などを、レトリック（美辞麗句、巧みな言いまわし）で飾ってごまかそうとするのも迷惑な話です。飾りの言葉を取り去って裸にしてみて、内容が貧弱であったり、矛盾したりしていたら、内容の方を練り直すべきは当然です。

コラム
難解さ、曖昧さへの郷愁

世に「分かりやすい文章を」と説く本はたくさんありますが、そう言いながらもどこか日本人には、難解、曖昧な文章に郷愁を棄てきれない心理があるようです。外山滋比古『日本の文章』（講談社文庫）に、次のような文章を見つけました。


このごろ明快な文章ということがしきりと言われる。（中略）それかと言って、ただわかりやすく、筋道さえ通っていればいい、明快ならよろしい、という文章観で割り切ってもらってもわびしい。

（中略）清水に魚すまず。川かならずしも水の清さをもって貴しとせず、である。

文章も同じこと。あまり混沌としていれば、一度蒸留水のようにすっきりしたものにしてみたいと思うのは人情であろう。方向としては結構だが、それがその通り実現したら、ことである。過ぎたるは及ばざるがごとし。

（中略）手おくれにならないうちに、しかるべき曖昧さをただよわせる書き方を推奨すべきであるように思われる。（二十一頁）

比喩というのは諸刃の刃で、一つの意見とその正反対の意見の両方を、各々それらしく思わせる力があります。「蒸留水」と言われれば味気ない気がするし、「清水に魚すまず」と言われると何となくそんな気もしてしまいますが、この比喩に私は賛成しません。味も素っ気もない文章は、分かり過ぎるからそうなのではなく、ただ内容が貧しいのです。内容に含蓄があれば、分かりやすく書いても含蓄のある文章になります。

3　具体的なイメージが湧くように書く

自己紹介文の「私の特徴」の欄に、多くの人が、「私の強みは、根気があることです。何か目標を決めると、達成するまで投げ出さずに最後まで貫き通します」という趣旨のことを書きます。いい内容ですし、事実なのだと思いますが、非常に多くの人が同じようなことを書くので、読み手の側からすると、「ああ、またか」という印象になってしまいます。

とにかく前向きです。たとえ壁にぶつかったとしても、壁を越えるまで挑戦し続けます。

また失敗したことにくよくよせず、その結果を踏み台として成長していきます。明るい性格なので、常に笑顔で……（以下略）

この文章も、表現に多少の工夫は見られますが、やはり同類なので、「このことを具体的に裏付けるような話はないか」と質問してみたところ、何とその学生は小学校から高校まで競泳の選手で、勝ったり負けたり、記録が出たり伸び悩んだりを繰り返しながら、厳しい練習を続けていたと言うのです。「それを書こう！」と私は言いました。

私は小学校から高校まで、競泳の選手として厳しい練習を続けてきました。その経験を通じて、たとえ壁にぶつかっても、それを乗り越えるまで挑戦し続け、失敗してもくよくよせず、試練を踏み台として成長する姿勢を身につけました。

こう書いたら、どれだけ説得力が増すでしょう。入社試験の面接官は、水泳選手独特の発達した上半身と、健康さがあふれるような笑顔を見ながら、厳しい練習に明け暮れた様を想像することができます。

抽象的な言葉を並べるのが大人の文章だと誤解している人がいますが、読者に具体的なイメージが湧くような「事実」を提示して、その上でそれを普遍化した表現を添えるのが、説得力ある文章を書く一つの秘訣だと思います。

ある学生が航空会社のインターンシップに応募しましたが、残念ながら書類選考を通りませんでした。その時提出した志望理由には、以下のように書かれていました。

　この瞬間もきっとどこかで飛行機が飛び立っています。無事に飛行機が飛び立つまでには、多くのスタッフの方々のチームワークがあることを知り、一つの目的のために団結している姿に感動しました。私もボランティアに参加した時に、目的を成し遂げるためのチームワークの重要性と、難しさを痛感しました。どんな時も笑顔あふれる心温かいサービスを提供し続けるスタッフの仕事に魅力を感じ憧れていました。
　多くの人々に支持される満足度の高いサービスは、スタッフの方々の高いプロ意識や努力だけでなく、スタッフ全員のチームワークの証だと思います。このような接遇や仕事に対する誇りは、授業では学ぶことができないものです。実際に自分が働いてみることで、ぜひその能力を磨きたいと思い志望しました。

この文章にはきれいな言葉がたくさん並んでいますが、あまり胸に響きません。それは抽象的な言葉ばかりが並んでいるからです。「知りました」「感動しました」「痛感しました」「魅力を感じ憧れていました」「チームワークの証だと思います」とありますが、なぜそのように感じたのかの裏付けが何も書かれていません。ボランティアについても、具体的にどんな経験をしたのかが書かれていないので、読者の中にイメージが湧いて来ません。

学生と話し合ってみると、さまざまな感想にはそれなりの裏付けがあることが分かりましたので、そのエピソードを取り込んで、以下のように書き改めることにしました。

私は高校生の時に、夏休みの短期留学でアメリカに行きました。その時たまたまホームステイした家のご主人がパイロットでした。その家では家族全員が、パイロットの仕事に励むお父さんを支えていました。そしてお話を聞くうちに、航空会社の多くのスタッフの優れたチームワークによって、安全・着実な飛行が実現していることを知りました。

この瞬間にも、世界の各地で飛行機が飛び立っていることでしょうが、多くのスタッフが団結して一つの目的のために働いているからこそ、それが可能になっているのだと思います。そのような現場に自分の身を置いて、プロ集団のチームワークに肌で触れ、その緊張の中から何かを学びたいと思って応募しました。

実際に航空会社でインターンシップを経験した学生は、次のように書きました。

私は、貴社のラウンジで、インターンシップを経験しました。その時に私の不注意から聞き違いをしてしまい、違う新聞をお客様にお持ちしたことがあります。お客様はとても怒っていらっしゃいましたが、私は非を認め、精一杯お客様の気分を和らげるよう心がけました。

それ以来そのお客様は、ラウンジにいらっしゃる度に私に声をかけてくださるようになりました。ミスを犯した時に、自分がどれだけ誠意を持ってカバーすることができるかが重要だと知りました。また、その真心はお客様に伝わるものだと実感し、接遇の仕事がもっと好きになりました。

この文章にももっと具体性がほしいと思います。まず、どこの空港のラウンジでどれくらいの期間働いたのかという情報が必要でしょう。そうすれば、読み手は書き手と同じ場に身を置いて読むことができます。

「違う新聞」も情報不足です。どうしてそんなにお客様を怒らせたのかが分かりません。さらに、とても怒っていたお客様が一転して好意を持ってくれた理由を納得してもらうためには、「非を認め、精一杯……」だけでは抽象的過ぎます。

学生と話し合いながら、以下のように書いてみました。

私は、羽田の貴社の＊＊＊ラウンジで、三ヵ月間インターンシップを経験しました。ある日、私の不注意から聞き違いをしてしまい、経済紙を望まれたお客様にスポーツ紙をお持ちしてしまいました。おまけに阪神ファンのそのお客様に、巨人中心の報道をしている新聞を届けてしまいました。

お客様は、強い不満を口にされました。私は急いでお望みの経済紙の朝刊、夕刊と、阪神について大きく報道しているスポーツ紙をお届けして謝罪し、そのお客様がお席を立たれるまで、気配り・目配りに努めました。

それ以来、頻繁に飛行機を利用されるそのお客様は、ラウンジにいらっしゃる度に私に声をかけてくださるようになりました。その経験から、たとえミスをおかしても誠心誠意それをカバーしようと努めると、真心はお客様に伝わるのだと知り、接遇の仕事がより一層好きになりました。

抽象的なことばかりを述べずに、自分がそのように思うに至った具体的な根拠を書くと、読み手は書き手と同じ思いを共有して、「なるほど」と納得することができます。

次の文章も、一見具体的なようで、そうではありません。

その友人は、とても明るく話すことが大好きで、自分の考えをしっかりと持っています。独立心が強く正義感もある人です。とにかく人と関わることが大好きで、友達を大事にします。私はその友人を尊敬しています。

その他、たくさんのすばらしい友人がいます。食べることが趣味で、元気で明るく、会うだけで元気がもらえる友人。好奇心旺盛で、努力家、そしていつでも前向きに考えようと励ましてくれる友人。頭の回転が速くしっかり者で、その笑顔を見るだけで心から安らげる友人。気配り上手で話がおもしろく、いろいろなことで気の合う友人。そして、人なつっこくて優しくて、いつも人のために何かしようと考えている心の温かい友人などです。

六人の友人の特徴がさまざまに語られていますが、「自分の考えをしっかり持っている」「独立心が強い」「正義感がある」「友達を大事にする」……「心が温かい」などのことを裏づける具体的なエピソードが何も語られていません。「なるほど、そういうことがあったのか」とその場面が目に浮かぶような描写がぜひほしいところです。

4　定型的な言い回しはなるべく避ける

昔の情景を描写した文章を読むと、「まるで走馬灯のように、当時の状況が思い出されました」という感想を書く人が、今でも少なくありません。しかし、最近では「走馬灯」を滅多に見かけることがありません。還暦を過ぎた人でもおぼろげな形しか思い浮かべられないでしょう。

この表現を最初に思いついた人は鼻高々だったと思います。新鮮で分かりやすく、大いに受けたことでしょう。しかし、現在の人びとは、実感を込めてこの言葉を使っているのではなく、単に定型的な表現として使っているのではないでしょうか。書く方が実感を込められなければ、読む方も当然実感がこもりません。何か空々しささえ感じてしまいます。実感のこもらない、他人の言葉で書くのはやめましょう。

ある賞を受賞した随筆を読んでいましたら、さすがに優れたものでしたが、「日輪の光を受けて銀色に輝く雲」「蛍の乱舞に、幻想の世界に誘われ」「大空のカンバスに、大自然が描く壮大な絵画」「深山幽谷の中で人知れず咲く花」というような表現が多用されているのが気になりました。感じたことを素直に書いたというよりは、美しい定型的な表現の鋳型の中に、現実をはめ込んでしまったような感じがありました。

新聞記事には、昔から「一面の銀世界」「黒山の人だかり」「芋の子を洗うような混雑」「うれしい悲鳴」「苦虫をかみつぶしたような顔」「吐き捨てるように言う」「幕が切って落とされる」「衝撃が日本列島を走り抜ける」などの常套句《じょうとうく》がよく登場して来ました。時間に追われる記者は、とかく安易な決まり文句に依存したくなるのでしょうが、陳腐な決まりきった表現では新鮮なメッセージを伝えられないのは当然です。

●コラム　現代の定型句

「温度差」という表現を、よく見かけるようになりました。単に「差」と言えば済むところを「温度差」と表現して、何か意味深長なことを言っているかのように見せるのは感心しません。

もう一つ気になる表現に、「頭の中が真っ白になりました」というのがあります。このごろしばしば耳にするようになりました。二〇〇五年の直木賞の受賞作家までが、受賞の弁の中で使っていました。

この表現を最初に思いついた人はなかなか創造的であったと思いますが、今では何かにつけてこの言葉を使って安易に思考停止に逃げ込み、説明責任を回避しているような感があります。文章表現のプロであるべき作家までがこの言葉を使っていたので、少しがっかりしました。

5　口調のいい文章を書く

自分で声に出して読んでみて、口調のいい文章、リズムのいい文章になるように工夫してみましょう。口調が悪い文章は、余計な言葉が入っていたり、用語が不適切だったり、話の流れがスムーズでなかったり、冗長だったり、何か問題があるものです。不用意な言葉の繰り返しにも、そこで初めて気づくことがあります。

やっと慣れ、先輩にも認められてきたと感じていた私に、その言葉は一瞬にして私を奈落の底に突き落とした。

これは単なるケアレスミス（不注意から生じた誤り）かもしれませんが、もし小さな声を出して読み直していれば、ただちにそのミスを発見できたと思います。言いたかったのは、次のようなことでしょう。

やっと慣れ、先輩にも認められてきたと感じていたのに、その言葉は一瞬にして私を奈落の底に突き落とした。

やっと慣れ、先輩にも認められてきたと感じていた私を、その言葉は一瞬にして奈落の底に突き落とした。

声に出して読む目的は、欠点を見つけることのみではありません。声に出してみて口調のいい文章、リズムのいい文章は、読み手にも快く響きます。それは、相手の心の中に入って行くための大切な要素の一つです。

6　違和感を大切にする

文章を書く時の第一の喜びは、表現する喜び、すなわちカタルシス（表出、浄化）の喜びであると、最初に書きました。

人から借りた思想、借りた言葉を書いても、カタルシスが得られないのは当然ですが、自分の胸の内にあるものと、出てきた言葉が微妙にずれている時も、カタルシスは得られません。「何かこの表現は、シックリ来ない」という感覚を大事にして、妥協せずそう思い続けていると、ある時ふとピタリとした表現が浮かぶものです。「この言葉だ！」と手を打った時、カタルシスの喜びが湧いて来ます。

そういう時の人間の感覚というのは、誠に的確です。ほんの僅かでも違和感を持った時は、自分の本当に言いたいことと、書いた言葉がうまくマッチせず、微妙にずれていると思ってまず間違いがありません。その違和感の元を探って行くと、より的確な表現にいつか行き着きます。妥協は禁物です。違和感に敏感になり、それを新たな発見のチャンスと考えて大切にして下さい。

＊

以上、「言葉の選び方」について六つの視点を書きましたが、書き終えた文章は、許されるのなら少なくとも一晩置いて、あるいは二、三日間《あいだ》をおいて、他人の目になって冷静に客観的に読み直したいものです。特に、思いがほとばしってどんどん書いた文章は、そのようなチェックが欠かせません。

まず、大げさな修飾語を取り除き、削れる言葉は思い切って削って、少しあっさり目にするように心がけます。その方が相手に好感を与え、説得力も増します。

一方で、もう一度読み手の気持ちになりきって、違う意味に取れる部分、分かりにくい部分、言葉を補う必要のある部分を見つけます。自分の書いた文章を声に出して読み直すことができれば理想的です。

●こんな文章に出会いました　＃6「降り乱れる雪」＊

ふいに白いものが、雪がちらつきだした。川風にあおられて粗い雪片が斜めに乱れ飛んでき、顔にまともに吹きつけた。雪はよこなぐりになったり、逆に上空に舞いあがったりしながら、音もなく降りしきった。このまま本格的な雪になるのではないかと危ぶまれた。

小さな洞穴には、薄暗いながら一種特有の青みがかった光が満ちていた。長く或いは短く入口にさがった氷柱も、特有の光を放っていた。或るものはうす緑の、或るものはうす青い光を滴らせていた。そして、冷気が、頬を、手の甲を刺した。

痛みに近い冷気の中で、霏々《ひらひら》と降り乱れる雪を見つめていると、ふしぎな本能的な或る感覚が体内に蘇ってくるようであった。少なくともその瞬間、彼は自己の生命が愛《いと》しかったのである。（北杜夫『楡家の人びと』新潮社、四百八十頁より抜粋）

《感じたこと》

この本は、ある精神病院を舞台にした年代記で、そこにくり広げられる人間模様がテーマですが、合間に登場する風景描写にも惹かれます。風景描写は難しいと言われますが、想像で風景を書くことはプロにしかできなくても、印象的な風景を前にしてそれを描写することは、それほど難しいとは思いません。むしろアマチュアも、楽しみながら試したいテーマです。

第7章 構成

ここまでは、個々の文章について考えてきました。ここからは、いくつもの文章を積み重ねて行く、全体の構成について考えてみます。

1　骨子を組み立てる

ある学生が、「私の特徴」というテーマで五つの段落からなる文章を書きましたが、途中でわき道にそれたりして、論旨が一貫していない嫌いがありました。そこで、書かれたことをなるべく尊重しながら、構成を確かなものにするために各段落の骨子を整理しなおしてみると、以下のようになりました。

（1）私の短所は、慎重過ぎて何事にも時間がかかることだ。
（2）しかし、慎重なことは長所でもある。よく考えて行動するからだ。
（3）健康も長所だ。
（4）料理が好きなのも長所だ。
（5）将来は栄養士になって、子供たちのために自分の長所を生かしたい。

まず、骨子（1）（2）に沿って、**前半**を修正しました。原文と改善案を比較してみて下さい。修正したのは、主にアンダーラインの部分です。

原文

私の短所は、「石橋をたたいて渡る」みたいに慎重で、何ごとにも時間がかかることです。課題のレポートにも早めに取り組むのですが、悩んでしまいなかなか前に進みません。結局、出来上がるのは前日やその日になります。時には、どうしても提出物が完成せず、遅れてしまうこともあります。①そのことを反省して、計画を立てて取り組み、なるべく遅れないように心がけています。

②この短所は長所でもあります。一つ一つじっくり考えて行動に移すので、自分のやり遂げたことにはいい加減なものはなく、真剣に取り組んだ結果なので満足しています。③

これからも失敗を恐れずに何事にも一生懸命取り組みたいです。

改善案

私の短所は、「石橋をたたいて渡る」みたいに慎重で、何ごとにも時間がかかることです。課題のレポートにも早めに取り組むのですが、悩んでしまいなかなか前に進みません。結局、出来上がるのは前日やその日になります。時には、どうしても提出物が完成せず、遅れてしまうこともあります。

④しかし、慎重なことは長所でもあります。一つ一つじっくり考えて行動に移すので、自分のやり遂げたことにはいい加減なものはなく、真剣に取り組んだ結果なので満足できます。⑤今までも計画を立てて取り組み、期限内に完成するように心がけてきましたが、これからは、しっかり考える姿勢は変えずに、よりスピードを早める訓練をしたいと思います。

第一段落で自分の短所について述べた後、①のように、「その短所をカバーすべく努力しています」とすぐに言いたい気持ちは分かりますが、そのような寄り道は我慢して、すぐ次の話「慎重なことは長所」に進みましょう。

第二段落の冒頭の②「短所は長所でも」は、「時間がかかりすぎることは長所でもある」とも読めてしまうので、④のように「慎重なことは長所でも」に直しました。また、逆接であることを明らかにするために、「しかし」を入れました。

③は、明らかに論旨とは関係のない文章が紛れ込んでいたので、削除しました。かわりに①をここに移し、⑤のように書き換えました。

次に、骨子の（3）（4）（5）に沿って、**後半**を以下のように修正しました。

原文

健康に関しても自慢できます。中学校からバレー部に入って運動していたので、風邪もあまりひきません。大学では料理部に入って運動量が減ったので、時間のあるときは少し早めに家を出て一駅分は歩くようにしています。

⑥料理部では主にお菓子を作ります。一年生の文化祭では、秋なので旬の野菜を使ったおにぎりとマフィンを作りました。二年生の時はパンを作りました。部員が少ないので作るのは大変でしたが、好評で完売しました。今年の三月にヨーロッパ研修に参加し、オーストリア、ドイツ、フランスに行きました。オーストリアの四日間は職業訓練所に行き、

お菓子を習いました。先生の作ったお菓子は見栄えも美しく、美味しかったです。作り方も丁寧に教えてくれたので、オーストリアの伝統的なお菓子ザッハトルテや生のレアチーズケーキを家でも美味しく作ることができるようになりました。

⑦将来は学校の栄養士になって、給食を通して子どもたちに望ましい食習慣を教えて健康増進が図れるように責任を持って指導していきたいです。

改善案

健康に関しても自慢できます。中学校からバレー部に入って運動していたので、風邪もあまりひきません。大学では料理部に入って運動量が減ったので、時間のあるときは少し早めに家を出て一駅分は歩くようにしています。

⑧料理が好きなのも、長所の一つだと思います。一年生の文化祭では、秋なので旬の野菜を使ったおにぎりとマフィンを作りました。二年生の時は初めてパンを作りました。部員が少ないので作るのは大変でしたが、好評で完売しました。今年の三月にヨーロッパ研修に参加し、オーストリア、ドイツ、フランスに行き、⑨ヨーロッパの料理についても学びました。

⑩将来は、料理好きの長所を生かして、学校の栄養士になりたいと思います。給食を通

して子どもたちに望ましい食習慣を教え、健康増進が図れるように責任を持って指導するつもりです。

第三段落の健康の話は問題がありませんでしたが、第四段落では、直前に出て来た料理部の話に引きずられて、尻取りゲームのように⑥の料理部の話で始めてしまっていました。しかも、ここで言いたいことは「料理が好きなのも長所だ」ということなのに、それから外れて、自分が一番好きなお菓子の話の細部に深入りし過ぎていました。また、冒頭の⑥でお菓子に焦点を絞りながら、すぐその後に、おにぎりやパンの話をしたのも首尾一貫しませんでした。

そこで⑧のように、本来言いたいことを冒頭にはっきり書き、最後も⑨のように、お菓子ではなく料理全般の話にして終わりました。

第五段落は、「料理好きの長所を生かして」というキーワードが欠かせません。そこで、⑦を⑩のように変えました。この文章のテーマは「私の特徴」であって、「私の将来」ではありません。

この例でも分かるように、もし最初に五つの骨子が整理できていれば、始めから無駄がなく、論旨の一貫した文章が書けたと思います。

ですから文章を書き始める時には、まず書きたいことの候補をなるべく簡潔に箇条書きにしてみることを勧めます。最初は順不同で構いません。そして、その中から書くべきものを選び、その順番を考え、それが最初から最後までうまくつながった後に、原則として一項目を一つの段落で書いてみます。

どういう順番でどのようなことを書き、最後はどう着地するのかという設計図を持って書き始めれば、わき道に迷い込んだり、論旨と違うことを書いてしまったり、話がつながらなかったり、尻切れトンボになったりする心配がありません。

2　同じ話はまとめて書く

「東京の良いところ、悪いところ」と題した次の文章を読んでみて下さい。

私は四年前に東京に出て来た。私の故郷は山や田畑がたくさんある緑豊かな場所だが、東京は現代を象徴する数々の建築物が建ち並んでいる。情報があふれ、展覧会など学びの場が多い東京は、新しいものを求めて行動するには都合のよい場所である。しかし建築物や人口が密集していることから、現代社会のストレスが多い場所であるとも言える。

東京は電車や建物、情報などの数が非常に多い。雑誌やインターネットには、東京都内の数多い店の情報が掲載されており、自分の要求に合ったレストランを容易に見つけることもできる。

また、絵画展や写真展、フォーラム等の催しが多いことも特徴である。先日は、「食と添加物の展示会」に行った。そこでは、学生の私でも新しい情報を手軽に得ることができた。東京はこの様な機会や場所が多いので、新たな知識を得られ、勉学や趣味の幅を広げることができる。

さらに人口が多いことや交通網が発達していることで、高い集客力を誇り、利益を再度事業へ投資し易いことも東京の利点である。

しかし、情報や人や建物が集中していることが、ストレスとなり得る。高層ビルや斬新な建築物に囲まれた生活では、オフィス内でも外でもやすらぎを感じないように思う。東京にも公園や緑を楽しめる場所はあるが、それが私の故郷のように身近にあることはほとんどない。先ほども述べたが、東京近郊の都市は、交通網が発達し実に規則的に動いている。その様な生活は、時間に追われることが多く、ゆとりがないように感じる。

東京にはそれぞれ良いところ、悪いところがある。多様な情報や催し物に触れられるという利点は、積極的に活用したい。そして、無機質な環境、情報があふれた生活の中にも、ゆとりの時間を設けて自分にとって住みよい場所に変えることで、東京の良いところが更に発見できるであろう。

この文章は、話があっちへ行ったり、こっちへ行ったり、元に戻って同じことが繰り返されたりしています。原文の骨子を次のように並べてみると、そのことがよく分かると思います。

✽が身辺の緑、◎が情報の多さ、▲がストレス、△が効率の話です。

・私は四年前から東京に住んでいる。
✽私の故郷は、緑豊かな場所だ。
◎東京は建物、情報、展覧会、学びの場が多い。
▲建物、人口の密集から、ストレスも多い。
△◎電車や建物、情報などが多い。
◎レストラン情報が多い。
◎絵画展、写真展、フォーラム等の催しが多いので、新たな知識が得られる。
△人口が多い。交通網が発達。集客力が高い。投資効率がいい。
▲情報や人や建物が多いので、ストレスも多い。
✽私の故郷は、身近に緑があった。東京にはそれがない。
△東京は交通網が発達。正確に動いている。

▲しかし、時間に追われ、ゆとりがない。
・東京には良い点、悪い点がある。
◎情報や催しが多い点は活用したい。
▲無機質な環境の中でもゆとりを見つけたい。

このように同じ話を飛び飛びに何度も書かないで、「情報」の話を始めたらそれについてまとめて書き、「効率」の話を始めたらそれについてまとめて書き、「ストレス」の話を始めたらそれについてまとめて書きましょう。そうするために、骨子を次のように整理しなおしてみました。

・私は、四年前から東京に住んでいる。
◎東京には情報が多い。（絵画展、写真展、フォーラム等の催しも多い。学びの場が多い。レストラン情報など生活を楽しむための情報も多い）
△東京は、すべてが効率的。（交通網が発達し、正確に動いている。経済活動が活発で、投資効率がいい）
▲しかし、ストレスも多い。
✽情報の多さや効率の高さは活用したいが、その中でゆとりを見つける努力が必要。（私にとっては、時折緑の中に浸ることが不可欠。私の故郷は、身近にいつも緑があったからだろう）

この整理された骨子に沿って、以下のような改善案を作ってみました。散漫な印象がなくなり、文章の流れが良くなったと思います。

私は四年前から東京に住んでいる。

東京に来てまず感じたのは、情報があふれているということだった。絵画展や写真展、フォーラム等の催しも多い。先日は、「食と添加物の展示会」に行った。そこでは学生の私でも新しい情報を手軽に得ることができた。東京はこの様な機会が多いので、新たな知識を得られ、勉学や趣味の幅を広げることができる。

私は、よく都内のレストラン情報を探すが、雑誌やインターネットで実に豊富な情報が提供されているので、自分の要求に合ったレストランを容易に見つけることができる。生活を楽しむための情報もあふれている。

東京はまた、地方に比べてすべてが効率的である。交通網が発達していて、それが分刻みで正確に動いているので、どこに行くのも便利である。多くの人口が密集しているので、集客率が高く、経済活動の効率もいい。

しかし、人や建物が密集し、情報があふれ、すべてが効率的に運ぶということは、とりもなおさずストレスもまた大きいということである。東京に来てからは、いつも時間に追われているように感じている。東京では、情報の多さや効率の高さを活用しながら、時にはそこから離れて、生活の中にゆとりを見出す術を身につけることが必要である。
　考えてみると、私が生まれ育った故郷は、山や田畑がたくさんある緑豊かな場所だった。昔はそれが当たり前のことだったが、今はそのありがたさを感じる。時に都会を抜け出して緑の中に浸ることが、私にとっては欠かすことのできないストレス解消法になっている。

たとえば最初にも故郷の緑の話を書き、結末の伏線にするような工夫はあってもいいと思いますが、原則として同じ話はまとめて書くと、構成がスッキリします。

　一般に一つの小論文を読んで、散漫で何を言いたいのか分からない、論理的に前後がつながっていないなどと感じたら、ここでやったように、書かれていることを順番に一行ずつに要約して並べてみます。そうすると、話の順番がおかしい部分、論旨から外れた部分、論理が飛躍あるいは矛盾している部分、余計な部分、書き足りない部分などが明らかになります。

3 「しかし」「しかし」を繰り返さない

これは、前項の「同じ話はまとめて書く」と裏腹の関係にある話です。「東京の良いところ、悪いところ」という文章もそうでしたが、あるテーマについて賛否両論 (pros and cons) を論じたり、長所・短所、楽観的側面・悲観的側面など相反する点を比較検討する文章を書く機会は多いものです。そのような時に、「Aである。しかし、Bである。しかし、Aである……」と、話が行ったり来たりする構成は、ぜひ避けたいものです。

「十年後の私」というテーマで、ある学生が次のような小論文を書きました。

私は今、様々なことに迷いながら将来を見つめている。今の私にとって明確な目標というものはない。しかし、子どもと関わることがとても好きで、十年後もその気持ちを保ち続けることができれば、そこに私が働ける世界があるかもしれない。

十年後は三十歳になっている。三十歳といえば、多くの人が結婚し子宝に恵まれ、幸せな毎日を送っているだろう。しかし、私はそんな当たり前とも言える幸せをきちんと手に入れているだろうか。自分が望んだ職業を十年後も変わらず夢と言えているだろうか。今私は、十年前の私が望んでいた私にはなれていない。大学生になるという目標は叶えられたが、その生活の中身についての夢は、いったいどのくらい叶えられているだろうか。将来のことを考えると不安になる。

大人になるにしたがって様々なことに自分の責任を伴うようになってきた。しかし、私はまだ大人と子供の狭間で、親の力を借りながら生活をしている。学生だからそれで許されるが、（しかし）十年後の私はそんな生活を送るわけにはいかない。自分の行動に今以上に責任を持たなければならない。不安に思うこともちろんあるのだが、（しかし）あと十年でその準備を少しずつしていけばいいと思う。

（しかし）十年後の私について、まったくといっていいほど確かなイメージが湧いて来ない。しかし、その暗闇が少しずつ明るくなっていくように毎日少しずつ頑張っていけばいいと思う。日々の頑張りは必ず十年後の私へとつながっていくだろう。だからこそ一日一日気を緩めず、頑張っていきたいと思う。

この文章の構成上の問題点は、「将来に対する不安」と、「頑張れば明るい将来があるという希望」とが、交互に繰り返し書かれていることです。カッコで括った言外の（しかし）を加えると、七つも逆接の言葉が入っています。これでは混沌とした印象が読者に残るのみです。

次のように、まず不安についてまとめて書き、次に希望についてまとめて書く構成にすべきです。そうしてみると、不安についてはもう少し簡潔に書けそうなこと、希望についてはもう少し書き込んだ方がいいことにも気づきます。

私は今、様々なことに迷いながら将来を見つめている。今の私にとって明確な目標というものはない。十年後は三十歳になっている。三十歳といえば、多くの人が結婚し子宝に恵まれ、幸せな毎日を送っているだろうが、私はそんな当たり前とも言える幸せをきちんと手に入れているだろうか。自分が望んだ職業を十年後も変わらず夢と言えているだろうか。

今私は、十年前の私が望んでいた私にはなれていない。大学生になるという目標は叶えられたが、その生活の中身についての夢は、いったいどのくらい叶えられているだろうか。私はまだ大人と子供の狭間で、親の力を借りながら生活をしている。学生だからそれで許されるが、十年後の私はそんな生活を送るわけにはいかない。自分の行動に今以上に責任を持たなければならない。そのことが頭では分かっているが、十年後の私について、まったくといっていいほど確かなイメージが湧いて来ない。だから将来のことを考えると不安になる。

しかし、私は子どもと関わることがとても好きで、十年後もその気持ちを保ち続けることができれば、そこに私が働ける世界があるかもしれない。十年後はいきなり明日やって来る訳ではないから、自分の好きなこと・得意なことを見据えて、一日一日気を緩めず頑張って行けば、その積み重ねが必ず十年後の私へとつながっていくだろうと信じて進んで行きたい。

話があっちへ行ったり、こっちへ行ったりしたり、「しかし」を何度も繰り返してしまうのも、文章を生み出す過程のさまざまな模索や配慮や心理的な揺らぎがそのまま残ってしまうからです。文章は、友人との会話のように思いつくままに書き連ねるのではなく、同じ話はまとめて書く整理が必要です。話をする場合でも、もし何人かの前で立って話すなら、そのような順序立てた話し方を心がけるでしょう。

4　第一に、第二に、と整理する

私の特徴は、いろいろなことに意欲的に取り組み、しかも凝り性なことだと思う。この特徴には問題点もある。没頭しすぎること、逆に物事が中途半端になることである。向上心と粘り強さゆえ、課題提出日ぎりぎりまで調べ、より完成度の高いものを求める。没頭することは悪いことではないが、他にもやらねばならないことがある。一つの物事に時間をかければいいというものではない。また、私は途中で気分転換する余裕を持てないので、終わった時にはくたびれ果ててしまう。たくさんのスケジュールを入れ、やりたいことは様々あるが、時間や行動がそれに追いつかない。最終的には、手をつけたことが中途半端になっているのだ。

この文章では、「没頭しすぎる」「物事が中途半端に終わる」という二つのことが一緒に論じられています。「向上心と粘り強さゆえ」で始まるいくつかの文は、「没頭しすぎる」問題について書かれており、「たくさんのスケジュールを入れ」で始まる文は、「中途半端に終わる」問題について書かれていることが、最後まで読んでみると分かりますが、そのような整理を読者にさせるのは親切ではありません。

言いたいことが二つあるなら、次のように最初から明確に二つに分けて書くべきです。そして、話があちこちに行かないように注意して、一つずつ分かりやすく説明しましょう。ここでは多少言葉を補って書いてみました。

私の特徴は、いろいろなことに意欲的に取り組み、しかも凝り性なことだと思う。この特徴には問題点もある。

第一に、没頭しすぎる場合がある。たとえば課題提出日ぎりぎりまでよく調べ、より完成度の高いものを求めて没頭するのは悪いことではないが、そんな時、他にもやらねばならないことがあるのを忘れてしまいがちである。また途中で気分転換する余裕を持てないので、終わった時にはくたびれ果ててしまう。

第二に、あれもこれもと欲張りすぎて、物事が中途半端になってしまう場合がある。やりたいことが多いので、ついついたくさんのスケジュールを入れ過ぎて、時間が追いつかず、最終的にはどれも中途半端になってしまうことが少なくない。

三つ、四つと、さらに多くのことを論ずる時には、なおさらこのような整理が必要です。

5　基本は時系列

今はもう辞めてしまったが、ボストンへ短期留学する前、私はこの英会話教室に小学生の頃から通っていた。高校生の時、引越しをしたのでこの教室が遠くなってしまったが、それでも電車で往復一時間かけて通い続けた。

この文章は、現在↓ボストン留学前↓小学生↓高校生という順番に話が展開していますが、次のように小学生の時の話から順に書いた方が、読者の頭にすんなりと入ります。

私はこの英会話教室に小学生の頃から通っていた。高校生の時、引越しをしたのでこの

　教室が遠くなってしまったが、それでも電車で往復一時間かけて通い続けた。大学入学後も、ボストンへ短期留学する前までずっと通っていた。

話は、書き手が思いついた順にではなく、読み手が理解しやすい順に展開すべきです。時間軸について言うならば、やはり基本は時系列（時間を追って古い順に書くこと）です。何らかの効果を狙って時間軸を逆転させる書き方もありますが、それによって読みにくくなってしまっては、元も子もありません。

ついでながら、これだけ長い間英会話教室に通ったという前向きの話を伝えようとしている時に、「今はもう辞めてしまった」というネガティブな情報を冒頭に持ってくるのは適切ではありません。改善案でも、今は辞めていることが最後に言外に語られていますが、それで十分です。

6　多くのことを同時に論じない

数年前に、ある博物館で考古学の新しい研究の成果を示す特別展が開かれました。その入口に、一枚のパネルが掲げてありました。それは全体の導入部で最初の展示物ですので、多くの人が立ち止まって熱心に読んでいました。私も、しばらくは辛抱強く読んでみたのですが、どうしても

水田でコメを作る生活を基本とする弥生時代は、紀元前５～４世紀ごろに始まったと考えられてきました。つくられた年代が明らかな前漢の鏡から逆算して得られたものです。秦の始皇帝が中国を初めて統一する 200 年以上も前になります。弥生時代の終わりは、倭の女王卑弥呼が葬られたといわれる箸墓古墳が造られるまでなので、弥生時代は 700 年あまり、続いたことになります。

2003 年、国立歴史民俗博物館の研究グループは、水田でコメを作る生活は前 10 世紀後半（今から 2900 年あまり前）に始まっていたと発表しました。マツリで使う青銅の器が盛んに作られた中国の西周という国が生まれた頃にあたります。弥生時代は秦の始皇帝の時代から約 700 年さかのぼった西周の太公望の時代に始まったことになります。その結果、弥生時代は約 1200 年間続いた可能性が出てきました。

青森県三内丸山遺跡が繁栄していた頃、イギリスではストーン・ヘンジが造られ、エジプトでは巨大なピラミッドが造られました。農業は今から 11000 年前に西アジアや中国北部で始まり、8000 年前には中国南部で水田稲作が本格化します。畠作は遅くとも 4000 年前には韓国南部まで伝わり、3100 年前には大きな畠で、コメ、ムギ、アワ、マメが作られました。まもなく水田が現れ、ほどなく九州北部で水田稲作が始まります。2900 年前には村の周りを壕で囲んだ環濠集落が現れると同時に、新たな土地や水をめぐって戦いも始まります。

孔子が活躍していた頃、水田稲作は近畿あたりまでようやくたどり着きます。従来の倍近い時間がかかったことになります。2200 年ぐらい前になると近畿では銅鐸が大きくなり始めて、九州北部には前漢と外交関係を結んだクニが現れます。その中の一つである奴国は、後 57 年に後漢の光武帝から金印を賜ったことが古文書に書かれています。銅鐸が大きくなり始めたころ、ヨーロッパではギリシャの北にある小国マケドニアのアレキサンダー大王がインドまで遠征した結果、ギリシャ文化とペルシャ文化が融合したヘレニズム文化が生まれました。また前漢の鏡が墓に納められ始めた頃、ローマではジュリアス・シーザーが活躍しました。

縄文時代の人骨を出土する遺跡は日本列島全土に分布しています。しかし、人骨は、１万年ほど続いた縄文時代の遺跡の中でも、中・後・晩期の遺跡から出土したものがほとんどで、早・前期のものはあまりたくさんありません。弥生時代人と言えば、絶対年代的にはその時代に生きてきた人がすべて弥生時代人、ということになりますが、いわゆる渡来人的な弥生時代人となると、弥生時代には西日本にしかいませんでした。関東で渡来人的な特徴を持った人骨を出土する遺跡が多く見られるようになるのは、古墳時代になってからです。

図表３　ある考古学展の入口のパネル

内容が頭に入らず、最後は諦めて「まずは、展示を見よう」と中に入りました。その説明パネルは、前頁のようなものでした。

この特別展は大新聞で何度も宣伝されましたから、小学生から老人まで、大勢の人々が押しかけました。しかし、予備知識のない一般大衆向けには、このパネルはあまりに欲張り過ぎだったと思います。

前漢、後漢、イギリス、エジプト、ギリシャ、ローマ、マケドニア、西アジア、韓国や、西周の太公望、秦の始皇帝、孔子、アレキサンダー大王、ジュリアスシーザーなど、古今東西のたくさんの情報をちりばめた結果、逆にほとんど何も伝わらない文章になってしまったと思います。「早く会場に入りたい」とせく気持ちを抑えて立ち読みしているのですから、余計に冗長に感じました。

実際のパネルには、前記の文章の途中に、たとえば「秦の始皇帝（③）」のようにして、１番から23番までの番号が挿入されていました。この数字は、このパネルの後に置かれた詳細な年表の中の番号と符合することが後で分かりました。この点を見ても、いかに精緻に手間をかけて作られたものかが分かりますが、その努力が残念ながら報われていないように思われました。

ここでは、縄文時代、弥生時代、古墳時代の特徴を端的に表などに整理した後、

「縄文時代は一万三千年もの間続いた」

「弥生時代は、従来は約七百年間だったと考えられていたが、新しい研究の結果、約千二百年

間だったことが確実になった」

「すなわち弥生時代は、今から二千五百年ほど前に始まったと信じられていたが、実は三千年ほど前に始まっていた」

「弥生人の食べ残したおこげを、最新技術で分析した結果、それが分かった」

「つまり、縄文時代から弥生時代への変化は、予想されていたよりもはるかに時間をかけて、ゆっくり進んでいたことになる」

「縄文人と渡来人が混じり合って、次第に弥生人になって行った」

などのポイントを頭に入れてもらえれば、導入としては足りたのではないでしょうか。この程度にすれば、大部分の人がよく分かった上で会場に入ってくれたと思います。

文章の書き手の側はいろいろな情報を持っているので饒舌《じょうぜつ》になりがちですが、よく伝わる文章を書くためには、論点を思い切って絞り、一度にあまり多くのことを語ろうとしないことが大切です。

7　いきなり核心に入る

誰でも、読みたい（読まねばならない）本や文章は山ほどあって、その中で実際に読めるのは十分の一にも満たないのではないでしょうか。ですから、ある新しい文章を前にした時、「読むべきか、読まざるべきか」を、短時間のうちにドラスチックに（＝思い切って割り切って）判断しなければなりません。

そういう読者を相手にしているのですから、文章の冒頭には余計な前置きをせずに、いきなり核心に入るべきです。

ある本の「まえがき」に、こう書いてありました。

もとより私はものを書くことを職業としているわけではない。所詮、主として週末の片手間仕事であり、書くための調査活動にも制約がある。誰に頼まれたものでもなく……念頭においた読者は、第一に自分自身……

著者の謙虚さがよく表われた文章ですが、読者は、それならば遠慮させてもらおうか、という気持ちになってしまいそうです。

一般に読者は、「この書き手は、何を書こうとしているのだろうか。それは自分にとって関心のあるテーマだろうか。内容に共感できるだろうか。文章は果たして読みやすいだろうか」などという疑問を持って文章の冒頭に眼を落とします。その疑問に早く答えてあげるのが親切です。ですから、いきなり内容と説得力のある話を始めるべきです。あるいは、自分が言いたいことの核心を、冒頭に持ってきます。

「紙幅に限りがあるので、特筆すべき事項に限って述べてみたい」というような前置きも不要です。そもそも文章は特筆に値することのみが書かれるべきですし、本当に紙幅に限りがあるなら、このような断り書きの代わりに、すぐに本論に入るべきです。

「とても面白い話があります」という前置きをして書き始めるのも、いい方法ではありません。面白い、面白くないは、あくまでも読者が自由に判断すべきものですから、著者がそれを強いればかえって読者の心が離れます。そんな前置きをせずに、いきなり面白い話をして読者を惹きつければいいのです。

文章の書き始めで、読者に早く〝同じ土俵に乗ってもらう〟配慮も必要です。読み手の側に立ってみますと、書き手がいかなる場所の、いかなる時期の、いかなる話題を持ち出すのか分からずに読み始める訳ですから、全方位に注意が怠れません。そのような緊張状態から少しでも早く読者を解放すべきです。

たまには小説の例をあげましょう。藤沢周平は、『三屋清左衛門 残日録』の中の一つの話を、

「寺の門を入ったところで、三屋清左衛門は一人の女性とすれ違った」

という文章で始めています。この後、

「地面にはまだ雪が残っていて、雪が消えたところも、一日照りわたった日が融かした雪解け

水に濡れ、泥濘《ぬかるみ》になっている」

と続きます。読み手はたちまちその状況や季節に焦点を絞り、その物語の世界に身を置くことができます。小説のみならず、あらゆる文章で、同じような配慮が必要です。

8　まず結論を、次に理由・背景を

英語に、Yes-No question（イエスなのかノーなのかを問う質問）という言い方があります。それは、ごくありふれた質問です。たとえば「この荷物は、今日お宅に運ぶ必要がありますか？」という質問です。聞いた人は「うん、今日運んでほしい」、あるいは「いや、今週末まででいい」というような答を期待しています。

それに対してイエスでもなくノーでもなく、状況説明が長々と相手から返って来たら、イライラしてしまいます。状況説明をされている間、まるで謎をかけられたように、「答はイエスだろうか、ノーだろうか」と考え続けなくてはならないからです。そのようにして、相手に余計な頭を使わせるのは、不親切です。

Yes-No question を相手から投げかけられたら、まずイエスなのかノーなのかを、明確に答えましょう。もし分からなければ、「分かりません」と答えます。その上で、必要に応じてその理由・

背景を説明します。

Yes-No question 以外に、5W1Hの質問もあります。この質問に対しても、たとえば「誰？」と聞かれたら即座に人を、「どこ？」と聞かれたら即座に場所を、「いつ？」と聞かれたら即座に日時を答えましょう。その理由・背景は、後で付け加えればいいのです。

このような配慮は、会話だけではなく、文章を書く時にも必要です。結論を先に述べ、その後に理由・背景などを説明する文章を、トップダウン型、逆ピラミッド型、重点先行主義の文章などと呼ぶ人がいます。特に実用的な文章では、この書き方が読み手に親切な書き方だと思います。

しかし時には、トップダウン型の書き方がとりにくい場合もあります。書き手の言いたいことの結論が、読み手から見てあまりに突飛であったり、抵抗感が強く賛同し難いものであったりする場合です。そのような場合に結論をいきなり示すと、強い反発が起こり、その先を読んでもらえないことになりかねません。このような場合には、トップダウン型は諦めねばなりません。

9　書く視点を定める

あるまとまった文章を書く時、「誰の視点で書くか、いつの視点で書くか」を決めることが必要です。この視点が途中で変わると、読者は読んでいて落ち着かない気分になります。

「誰の視点で」ということに特に注意を要するのは、インタビューの結果のまとめです。ある学生が、社会人になった先輩を訪ねて話を聞き、次のような文章を書きました。


三年の秋から就職について考え始めた。インターネットを使っていろいろ調べた。会社のＨＰや『会社四季報』も参考にした。業界のことを知るには、ＯＢ訪問を勧めたいとのこと。マスコミも受験した。今勤めている会社は、就職活動中に知り合った人に、まだ間に合うと聞いて、急いでエントリーしたそうだ。出会いも大切ですよとアドバイスしていただいた。就職活動は気合を入れて臨んでほしい。（以下略）

最初の「就職について考え始めた」から、「就職活動は気合を入れて臨んでほしい」までの多くは、インタビューされた先輩の視点で書かれていますが、アンダーラインを引いた部分は、インタビューした人の視点で書かれています。二つの視点が交錯しています。

このような場合によくとられる方法が二つあります。

一つは、「学生時代は、どのようにすごされましたか」「就職活動について経験をお聞かせください」などと、質問の部分だけをインタビューアーの視点で書き、それ以外の部分は、その答としてインタビューされた人の視点で書くことです。

もう一つは、最初と最後だけをインタビューアーの視点で書くことです。つまり、最初に「××さんをお訪ねした」と始め、最後に「自信に満ちたお話を伺うことができた」などと感想をまとめますが、その他は一貫してインタビューされた人の視点で書きます。

仮に、すべてをインタビューした人の視点で書くと、敬語が多用されることになり、「とのこと」「という」「だそうだ」などの言葉も多用されるので、読者から見ると煩わしく読みにくい文章になってしまいます。

インタビュー記事ではないごく普通の文章でも、視点の統一は必要です。

　今後は、会社の決定事項の背景について、所属長から説明できうる範囲で説明していただき、理解を深めることで、社員としての自覚と自分の業務の意味を再認識させることが必要である。

これはある若い社員によって書かれた文章ですが、自分の視点で書き始めた文章が、いつの間にか所属長の視点に変わってしまっています。

子供の時から食事の場できちんとした教育をすることによって、正しい食習慣を身につけ、さまざまなマナーをしつけることができる。

ここでは、「教育をする」「しつける」は教育者の視点、「身につける」は子供の視点で書かれています。「身につけさせ」とすれば、視点が統一されます。

過去のことを書く文章では、現在の視点で過去を振り返って書くのか、それとも日記風に過去の視点で現在形で書くのか、ということを決めておかねばなりません。

現在の視点で過去を振り返って書いている時には、以下のような用語の間違いが起きないようにして下さい。上が原文、下が修正後です。

今まで知らなかった友人と　⇓　それまで知らなかった友人と
ミーティングで今日の練習を反省した　⇓　ミーティングでその日の練習を反省した
去年の文化祭を参考にした　⇓　前年の文化祭を参考にした

コラム
読むことと、書くことと

表現力を豊かにするために、優れた文章を読むことはもちろんいいことですが、読むだけでは受身の行為ですので、能動的に書きつつ読むことを勧めたいと思います。読んでは書き、書いては読むことを繰り返すと、いわゆる能動語彙、発信語彙（active vocabulary. 読んで意味が分かるだけではなく、自ら思い浮かべて使える語彙）が効率的に増えると思います。

読み方には、精読、速読、濫読、斜め読み、拾い読みなどいろいろありますが、私は、心から共鳴できる数少ない本を見つけた時に、著者と共に読み直し、話し合い、書き直すくらいのつもりで精読することを勧めたいと思います。表現力を高めるためには、それがとても有効です。

世の中には、本を読む習慣のない人がかなりいます。「本は苦手！　読み始めると、三行で寝てしまう」と断言して、一冊も読まない人が私の周囲にも何人かいます。

しかし、世の中には数十冊に一冊くらい、とてつもなく面白い本があります。そんな本に出会うと、何ものにも替えがたい喜びがあります。一冊との出会いが、人生を変えることさえあります。

一方で、出版される本の半分ぐらいは、「なぜ、こんな本を世に出すのだろうか」と首を傾げるようなつまらない本です。題名の奇抜さや、話題性のあるテーマや著者だけで目を引こうとしていたり、読者にこびるばかりで無内容だったり、著者の権威付けや自己満足のために書かれていたりと理由はさまざまですが、そういう本にたまたま出会って、しかもそれを読むように強制されて、本嫌いになった人が多いのでしょう。もったいないことだと思います。

こんな文章に出会いました
＃７「ブナがたどった運命」

早春。ブナの芽ぶきがはじまる。山にはまだ雪が残っているが、日の光をあびたブナの幹は雪をとかし、根元に土をのぞかせる。そして新緑の季節。若葉の薄い緑はまたたく間に濃い緑に変化し、白い樹皮とのコントラストをきわだたせる。ブナの森はいつ見ても美しい。

ブナ林は野鳥をはじめ動物をたくさん養い、また水を貯え、山地斜面を安定に保つうえで重要な役割をはたしている。しかし、かつてはブナは役に立たない木の代名詞であった。そのことがさいわいして伐採をまぬがれ、第二次大戦まえまでは全国どこでも広いブナ林が残っていた。

ブナの運命が変わるのは、敗戦でサハリンが日本の領土でなくなってからである。良質の針葉樹が輸入されなくなったため、製紙業界は広葉樹を用いた製紙法を開発し、ブナも製紙に利用されるようになった。こうしてブナ受難の時代がはじまる。ブナの森は急速に消えて

いった。（小泉武栄『山の自然学』岩波新書、三十三頁より抜粋）

《感じたこと》

今ではブナ林の美しさ、貴重さを言う人が増えましたが、それが戦後激減した理由を知りませんでした。著者の専攻は、「自然地理学、地生態学、第四紀学」だそうです。研究に裏打ちされた事実を淡々と述べる分かりやすい文章に好感を覚えました。

第8章 視覚的な効果

1 レイアウト

文章を書く作業とは、まず相手（読み手）が今立っている所に共に立ち、それから一緒に歩む旅のようなものですと書きました。その途中で、読者がつまらない旅だと思って降りてしまえば、失敗です。面白くない所、ややこしい所、くだらない所に連れて行かれそうだと思ったら、読者は何時でもその旅をやめる権利を持っています。

まず、旅の出発点に立ってこれから目ざす方向を見た時に、「面白そうだ」「ためになりそうだ」「足を踏み入れてみたい」と思わせるものがなければなりません。文章の表題が相手にとって関心のあるものであること、最初の文章が相手を引き込むものであることなどに加えて、一目見て読みやすそうな、美しいレイアウトで書かれていることも大事です。最初の一歩を踏み出してくれるか否かも、全く相手の自由なのです。

文字でびっしり頁を埋め尽くした、いかにも読みにくそうな文章を見せて、「言うべきことは全部書いてあります。読んでもらえれば分かります」と胸を張る人がいますが、それでは駄目です。話に間《ま》が大事なごとく、文章にはスペースが大事です。紙面一杯にびっしりメッセージを詰めると、読む前から強い圧迫感を読者に与えます。紙面の周囲の余白や行間スペースからなるホワイト・スペース（白紙の部分）と、文字を並べた部分の配分が美しく、快感を与えるようなレイアウトにしたいものです。

この問題は、実は第一印象のみの問題ではありません。次項の「パターン認識」のところで述べますが、文章は、視覚的にある意味の固まりごとに理解して行くものですから、適度のホワイト・スペースを配した美しいレイアウトは、よく通じる文章を書くためにもとても大切です。

改行の意味についても、ここで確認しておきたいと思います。適度なタイミングで改行して新たな段落（パラグラフ）に入ると、ある一つの意味の固まりがそこで終わり、新たな話が始まることが、視覚的にも読者に伝わります。話題が変わる、主人公が変わる、場所が変わる、時間が変わる、例示に入る、理由・原因の分析に入るなどさまざまな新たな展開を、改行が端的に予告してくれます。

改行で生ずる行末の余白は、読者にひと息ついてもらうゆとりのスペースでもあります。十行も二十行も改行のない文章は、長い話が延々と始まるという予感を与え、息苦しさを感じさせてしまいます。一つの段落は、長くても二百字か三百字以内というのをメドにして下さい。場合によっては、一つの文章だけで改行していいこともあります。無駄な言葉は一語でも一字でも厳しく削るべきですが、ホワイト・スペースは惜しみなく使って下さい。

次の例は、新聞の二頁分を使った見開き広告です。潤沢な予算を使ったその豪華さは、確かに目を引きますが、読みやすいレイアウトではないと私は思います。

まず、手に新聞を持って読んでいる人には、紙面が大き過ぎて、左半分か右半分しか読めません。当然、個々の文章を最後まで読むことができません。この縮小した写真では分かりにくいのですが、床の上に新聞二頁分のこの広告を広げて、大人が立って読むくらいの距離を置いて、初めて行の始めから終わりまでを読むことができます。

おそらくこの広告をデザインした人は、読みやすさよりも、全体を文字で埋めつくすというデザイン的なユニークさを優先したのだと思います。当時は地下鉄の車内広告や駅のポスターでも同じイメージの広告展開をしていましたから、「goo が大々的に宣伝している！」と印象付けられれば、目的を達すると考えたのかもしれません。その上、一部のおたくっぽい読者は、読みにくいレイアウトをかえって面白がって読む、という説もあります。

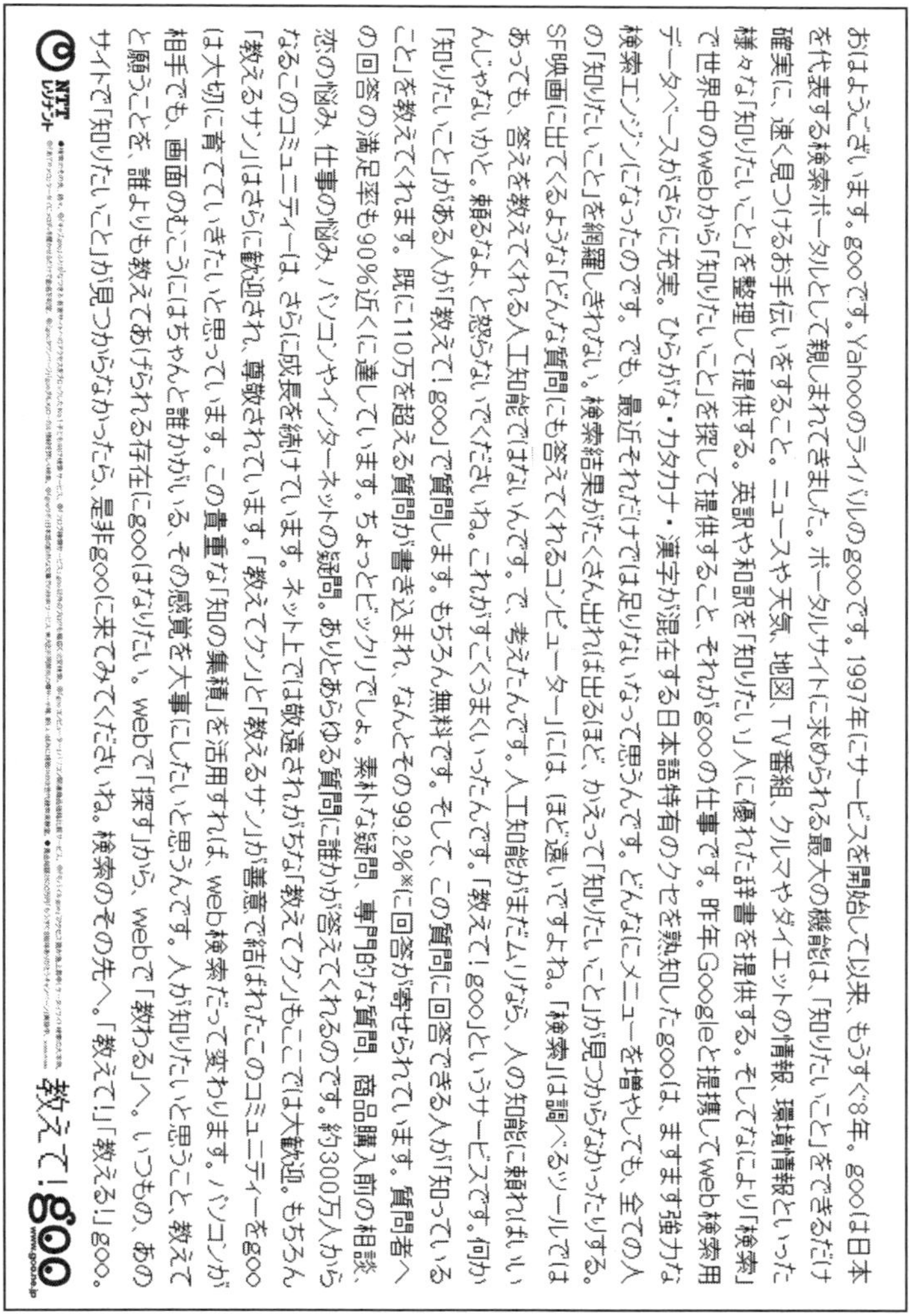
おはようございます。gooです。Yahooのライバルのgooです。1997年にサービスを開始して以来、もうすぐ8年。gooは日本を代表する検索ポータルとして親しまれてきました。ポータルサイトに求められる最大の機能は、「知りたいこと」をできるだけ確実に、速く見つけるお手伝いをすること。ニュースや天気、地図、TV番組、クルマやダイエットの情報、環境情報といった様々な「知りたいこと」を整理して提供する。英訳や和訳を「知りたい」人に優れた辞書を提供する。そしてなにより「検索」で世界中のwebから「知りたいこと」を探して提供すること、それがgooの仕事です。昨年Googleと提携してweb検索用データベースがさらに充実。ひらがな・カタカナ・漢字が混在する日本語特有のクセを熟知したgooは、ますます強力な検索エンジンになったのです。でも、最近それだけでは足りないなって思うんです。どんなにメニューを増やしても、全ての人の「知りたいこと」を網羅しきれない。検索結果がたくさん出れば出るほど、かえって「知りたいこと」が見つからなかったりする。SF映画に出てくるような「どんな質問にも答えてくれるコンピューター」には、ほど遠いですよね。「検索」は調べるツールではあっても、答えを教えてくれる人工知能ではないんです。で、考えたんです。人工知能がまだムリなら、人の知能に頼ればいいんじゃないかと。頼るなよ、と怒らないでくださいね。これがすごくうまくいったんです。「教えて！goo」というサービスです。何か「知りたいこと」がある人が「教えて！goo」で質問します。もちろん無料です。そして、この質問に回答できる人が「知っていること」を教えてくれます。既に110万を超える質問が書き込まれ、なんとその99.2%※に回答が寄せられています。質問者への回答の満足率も90%近くに達しています。ちょっとビックリでしょ。素朴な疑問、専門的な質問、商品購入前の相談、恋の悩み、仕事の悩み、パソコンやインターネットの疑問。ありとあらゆる質問に誰かが答えてくれるのです。約300万人からなるこのコミュニティーは、さらに成長を続けています。ネット上では敬遠されがちな「教えてクン」もここでは大歓迎。もちろん「教えるサン」はさらに歓迎され、尊敬されています。「教えてクン」と「教えるサン」が善意で結ばれたこのコミュニティーをgooは大切に育てていきたいと思っています。この貴重な「知の集積」を活用すれば、web検索だって変わります。パソコンが相手でも、画面のむこうにはちゃんと誰かがいる、その感覚を大事にしたいと思うんです。人が知りたいと思うこと、教えてと願うことを、誰よりも教えてあげられる存在にgooはなりたい。webで「探す」から、webで「教わる」へ。いつもの、あのサイトで「知りたいこと」が見つからなかったら、是非gooに来てみてくださいね。検索のその先へ。「教えて！」「教える！」goo。
NTT レゾナント
教えて！goo
www.goo.ne.jp

図表4　goo 新聞広告（2005年2月22日、二面見開き）

そのような広告技術の議論は別個にあることを承知の上で、ここでは「読みやすく、伝わりやすいレイアウトとは」という視点からこの例を取り上げてみます。

仮にこの広告を四分の一に縮小して、新聞半頁に収めたとしたらどうでしょうか。それでようやく新聞を手に持ったままで、行頭から行末までが視野に入るようになりますが、それでも読みやすいレイアウトとは言えません。びっしり文字が埋めつくされ、改行も段落もないので意味の切れ目が分かりにくく、その上、「頼るなよ、と怒らないで下さいね」「これがすごくうまくいったんです」「ちょっとビックリでしょ」というような遊びの言葉も所々に挿入されていますので、話の本筋を理解しながら最後まで読み通すには、かなり根気がいります。

私がデザイナーであれば、次のような案をクライアント（広告主）に提案したいと思います。全体を新聞一頁に収める案です。料金は半分で、メッセージを最後まで読んで理解してくれる人は、十倍以上に増えると思います。

この改善案では、大きく五つの意味の固まりに分けて、間に一行スペースを設けました。その中でも改行して、全部で九つの段落に分けました。表現はなるべく原文を生かしましたが、文字数は約三百字を削りました。

おはようございます。goo です。Yahoo のライバルの goo です。
1997 年にサービスを開始して以来、もうすぐ 8 年。goo は日本を代表する検索ポータルとして親しまれてきました。

ポータルサイトに求められる最大の機能は、「知りたいこと」をできるだけ確実に、速く見つけるお手伝いをすること。ニュースや天気、地図、TV 番組、クルマやダイエットの情報、環境情報といった様々な「知りたいこと」を整理して提供すること、それが goo の仕事です。
昨年 Google と提携して web 検索用データベースがさらに充実。ひらがな・カタカナ・漢字が混在する日本語特有のクセを熟知した goo は、ますます強力な検索エンジンになったのです。

でも、最近それだけでは足りないなって思うんです。どんなにメニューを増やしても、全ての人の「知りたいこと」を網羅しきれない。検索結果がたくさん出れば出るほど、かえって「知りたいこと」が見つからなかったりする。「検索」は調べるツールではあっても、答を教えてくれる人工知能ではないんです。

で、考えたんです。人工知能がまだムリなら、人の知能に頼ればいいんじゃないかと。それが、「教えて！ goo」というサービスです。何か「知りたいこと」がある人が「教えて！ goo」で質問します。もちろん無料です。そして、この質問に回答できる人が「知っていること」を教えてくれます。
既に 110 万を超える質問が書き込まれ、なんとその 99.2％に回答が寄せられています。質問者への回答の満足率も 90％近くに達しています。素朴な疑問、専門的な質問、商品購入前の相談、恋の悩み、仕事の悩み、パソコンやインターネットの疑問。ありとあらゆる質問に誰かが答えてくれるのです。

約 300 万人からなるこのコミュニティーは、さらに成長を続けています。「教えてクン」「教えるクン」が善意で結ばれたこのコミュニティーを、goo は大切に育てていきたいと思っています。
web で「探す」から、web で「教わる」へ。いつもの、あのサイトで「知りたいこと」が見つからなかったら、是非 goo に来てみてくださいね。

図表 5　goo 広告　改善案

2　パターン認識

我々が文章を読む時には、最初に一字一字の意味を理解してから、それを組み合わせて全体の意味を理解している訳ではありません。

> 大豆やトウモロコシなどの主要穀倉地帯がある米中西部では、平年に比べ降雨量が少なく、広い地域で異常乾燥が起きている。(『日本経済新聞』二〇〇五年七月十八日。読点を一つ追加)

こういう文章を読む時、我々は「大豆」「トウモロコシ」「穀倉地帯」「米中西部」「平年に比べ」「降雨量」「広い地域」「異常乾燥」というような見慣れた言葉を、最初から一つの固まりとしてパターン認識(絵のように全体の形を認識)し、瞬時にその意味を理解しています。決して、一字一字の意味を考えてはいません。

このパターン認識の事実を無視している典型的な例に、日本の商業用車の側面に書いてある社名表示があります。車の右側面に、「社会式株事工気電手の山」(架空の名)のような表記をしたトラックが走っているのを見ることがあります。車が走って来る時に、先頭の方から文字が一つ一つ目に飛び込んで来るから、先頭から書いた方が親切とでも思っているのでしょうか。それは全くの誤解で、誠に読みにくいものです。文字の配列を反対にしてしまうと、日頃見慣れた「山の手」「電気工事」「株式会社」などの言葉がパターン認識できなくなってしまうからです。

読みやすい文章を書くためには、パターン認識しやすいように書くことが大切です。具体的には、次のような点に配慮します。

（1）句読点を適切に打つ。
具体例は、第4章の5「読点のはたらき」参照。

（2）ひらがなばかり、カタカナばかり、あるいは漢字ばかりを続けず、それらを適宜混ぜる。
仮名ばかりが続く時には、間に漢字の言葉を入れる。あるいは、読点を打ったり、スペースを入れたりする。漢字ばかりが続く時には、間に「の」などの仮名を入れたり、スペースを入れたりする。

例：失敗したことにくよくよしません　⇓　失敗したことに、くよくよしません例：あるインターネット・プロバイダーは、ホームページで海外での以下の三つのサービスについて説明しているが、読みにくいので言葉の切れ目に中黒点（・）を入れる。
トールフリーダイヤルアップローミングサービス
ワイヤレスブロードバンドローミングサービス
ワイヤブロードバンドローミングサービス

例：文部科学省文教施設企画部施設企画課契約情報室 ⇓
文部科学省　文教施設企画部　施設企画課　契約情報室

（3）意味の大きな固まりごとに改行して、段落（パラグラフ）を独立させる。ある一連の話が終わった時には、一行スペースを入れる。（百七十五頁参照）

（4）いくつかのことを列挙する時は、箇条書きにする。

（5）行間はある程度空け、同じ行の上で字間はあまり空けない。

これは、ウィーンで売っていた日本語の観光案内の一部です。文字の間隔が、上下左右ほぼ均等なので、一瞬、縦書きか横書きかも分かりません。このように一字一字バラバラにされてしまうと、言葉をパターン認識できないので、とても読みにくくなってしまいます。

戦争で略奪した大砲から鋳造したもので本来は南塔にありました。
1945年の火災で崩壊し、鐘の残りをもとに上部オーストリアの
サンクト・フローリアンで鋳造し直し、1952年から北塔にかけ
られ毎年12月31日零時に新年を迎えてなります。鐘の直径は3
14cmで、重さは21.4トン、聖堂内部の27mの高さの18
の柱からなる鋼の上に張られています。正面祭壇はヨハン・ヤコブ
・ポック（1640年～1647年）の作で、黒大理石に錫を張り
付け、そのうえに投石される聖シュテファヌスを描いたものです。
聖シュテファヌスはキリスト教最初の受難者です。左側室にあるヴ
イーナ・ノイシュテッター祭壇はさらに有名で、観音開きのゴチッ
ク式祭壇は1447年に造られたもので、正面にマリアの戴冠と聖
バルバラ、聖カタリナを表わしています。開き扉の内側はキリスト
とマリアの生涯を描いています。AEIOUという字はフリードリ
ッ3世が唱えた文句で、「全て世界はオーストリアの地」というド
イツ語の頭文字を表わしています。ニクラス・ヴァン・ライデンの
18

図表6　ウィーン観光案内

この例とは逆に、文字の間隔、行の間隔を共にびっしりつめてしまっても、パターン認識しにくいものになります。電子メールやホームページ、ブログにはそのような文字配列が多いので、適宜改行するなり、一行空きのスペースを設けるなりして読み易くします。

美しいレイアウトや、パターン認識しやすいように書く配慮は、共に読みやすい構成にするために大切です。両者相俟って読者を味方にし、その理解を深めてくれます。

３　箇条書きの活用

いくつかのことを列挙する際には、箇条書きにするととても読みやすくなります。何と何が列挙されているのかが一目瞭然で、全体像やその階層構造がつかみ易くなり、字数を省いた簡潔な表現もできます。

過日、近くの役所に住民票の写しと印鑑証明を取りに行ったところ、「証明書自動交付機」という二つ折り四頁の案内文書を渡されました。その冒頭には、「ご利用の手順　⇓　カードに暗証番号を登録する」とあり、その後に次のように書かれていました。

暗証番号を登録できるカードは、印鑑登録証が基本になります。印鑑登録証をお持ちでない方は、申請により、交付機カードの交付（無料）を受けて、暗証番号を登録します。また、住民基本台帳カードをお持ちの方は、希望により、このカードを証明書自動交付機で利用できるカードとして、暗証番号の登録ができます。（印鑑登録証、自動交付機カードへ暗証番号を登録していない場合に限ります。）

この説明は、次のように箇条書きにしたら理解が早いと思います。

証明書自動交付機には、次のいずれか一つのカードを使用します。
（1）印鑑登録証に、暗証番号を登録したもの。
（2）住民基本台帳カードに、暗証番号を登録したもの。
（3）上記のいずれもお持ちでない方のために交付する自動交付機カード。
上記の二つ以上のカードに、重複して暗証番号を登録することはできません。

原文の最初にある「基本になります」は意味が不明です。どうやら不要な言葉のようです。「申請により」「希望により」なども不要です。

これから後は箇条書きの話からはそれますが、この文書には、言葉の重複も多く見られました。たとえば、「暗証番号の登録は、利用者本人が申請してください。(代理人による申請はできません。)」と、「いずれの場合も、代理人による申請は出来ません」という言葉が別の場所に書かれています。「暗証番号の登録は無料」と、「交付機カードの交付（無料）」も別々に書かれていますが、重複した情報です。何度も言えば親切と思っているのかもしれませんが、逆に不親切です。たくさん書かれた情報を読みながら、どれが新しい情報なのかを見分けなければならないからです。

さらに、この文書の冒頭にうたうべきことは、「証明書自動交付機を使うと、交付手数料が安くなり、長時間のサービスも受けられます」という利用者にとってのメリットだと思います。原文では、そのことが三頁目と四頁目に小さな文字で書かれていました。この文書を作った人は、利用者の側に立って考えてみることをウッカリ忘れてしまったのではないでしょうか。自動化が進めば、役所にとってもコスト削減などのメリットがあるのでしょうが、そのためにはまず利用者にとってのメリットを知ってもらうことが大切です。

●こんな文章に出会いました
＃8「焚き火道楽」*

趣味は、焚き火である。日本広しといえども、焚き火を趣味にする物好きはそう多くはおるまい。

何年も続けていればおのずと私なりの作法のごときものが生まれてくる。その第一は発火物をむやみに用いないことである。マッチ一本で速やかに着火に導くことが理想だ。

作法の第二は白い灰になるまで完全燃焼させることである。黒い灰が残る状態は焚き火を全うしたとは言い難い。炎がだんだん弱まってきたところで、シャベルや火ばさみで燃えかすをかき集め、高さ十センチほどのピラミッド状の山を築く。そうすると中にこもった熱で、可燃物質は完全に燃え尽きるのである。ふんわりとした軽い灰となる道理だ。

若いころは炎の燃え盛る様に感興を覚えた私も、最近は黒い灰が徐々にそして静かに白変する様子に、言うに言われない情趣を感じる。

微妙な移ろいを尊ぶものであれば、点火から鎮火まで決して目を離せない。その間、一体何を考えているのかと問われるなら、何も考えていないとお答えするしかない。無心の境とでも申し上げようか。何も考えないでいられることが気散じの最上の策であり、長続きしている理由かもしれない。あるいは火が燃え上がる時の激しさと緊張感、そして鎮火して灰となった後の寂寥と安堵感。この落差、ドラマが、安らぎをもたらすのであろうか。（長野泰一「内証の話焚き火道楽」、『日本経済新聞』一九八二年五月一日。文藝春秋『83年版ベスト・エッセイ集 耳ぶくろ』に再録、抜粋）

《感じたこと》

燃える炎が、人の心の底に眠っている原初的な興奮や喜びを呼び覚ますことは、間違いないと思います。無心の境地に至らしめる、というのもその通りです。

子供の頃は、よく焚き火をしました。たまにサツマイモを放り込んで、程よく焼けた頃を見計らって縦に二つにほっこりと割ると、明るい黄色の中身が美しく、とてもいい匂いがしました。最近は、都会で焚き火のできる環境を見出すことは、難しくなりました。だから都会の子供たちは、ほとんどその喜びを知らないのでしょう。

図表7　明快な文章表現のためのチェックリスト（第2部のまとめ）

第３章　文章の幹	第４章　相互の関係
①「Who, What＋述語」が文章の幹になる。 ②誰がどうなのか、誰が誰に何をしたのか、という表現を互いに近接させる。 ③一つの内容ごとに文章を区切る。（一文一義） ④主語を、あまり頻繁に変えない。 ⑤主語を変える時は、それを明示する。特に、省略した主語に注意する。 ⑥「です・ます調」と「だ・である調」を混ぜない。	⑦文頭と文末を対応させる。（述語のねじれを避ける） ⑧修飾語と被修飾語を近接させる。 ⑨隣り合った修飾語同士が、想定外の関係を持たないようにする。（間に読点を入れる、語順に注意する） ⑩主役（被修飾語）を早く登場させる。 ⑪曖昧接続を避ける。（並列・時系列・因果関係の区別、順接・逆接の区別） ⑫読点を的確に打つ。（一連の意味を断ち切らない、意味が切れている所は切る、主語と述語や原因と結果などを分ける、文と文の間を切る）

第５章　短い文章

⑬短い文章で一歩一歩着地しながら、読者を導く。
⑭曖昧な言葉を削除する。
⑮不要な言葉（削除しても意味の変わらない部分）を削除する。
⑯長い修飾語や挿入句は、別の文章にする。
⑰より短い表現に置き換える。
⑱同じ言葉、あるいは意味の似通った話の重複を避ける。
⑲修飾語は、必要最小限にする。
⑳解説を省いて、事実に語らせる。

第６章　言葉の選択

㉑易しい言葉で書く。（難しい漢語、カタカナ語、専門用語、仲間言葉を避ける）
㉒読み手側に立って、意味が明確か、違う意味に取られないかをチェックする。
㉓読者が知っていることは、くどくど書かない。
㉔読者が知らないことは、親切に書く。（書き手にとってあまりにも当り前なことは、重要なことでも書き漏らしがちなので注意する）
㉕具体的なイメージが湧くように書く。
㉖定型的な言い回しはなるべく避ける。（自分の実感のこもる言葉で書く）
㉗口調のいい文章を書く。（声に出して読んで確かめる）
㉘違和感を、新たな発見のチャンスと考える。

第７章　構成

㉙ 一つの段落を一行に要約して、文章の骨子を組み立てる。
㉚ 同じ話はまとめて書く。
㉛ 「しかし」「しかし」を繰り返さない。
㉜ 第一に、第二に、と整理して書く。
㉝ 原則として、時系列に（時間を追って古い順に）書く。
㉞ 多くのことを同時に論じない。
㉟ 余計な前置きをせずに、いきなり核心に入る。
㊱ 読者に、早く同じ土俵に乗ってもらう。
㊲ まず結論を書き、次に理由・背景を書く。
㊳ 書く視点を定める。（誰の視点か、いつの視点か）

第８章　視覚効果

㊴ 文字部分と余白部分の配分が美しいレイアウトをする。
㊵ 最大２００字から３００字以内で改行する。
㊶ パターン認識しやすいように書く。（平仮名・カタカナ・漢字の配分、読点、字間・行間スペース）
㊷ 箇条書きを活用する。

第3部●構築

明確に書けるということは、明確に考えられるということでもあります。

ここからは、込み入った事実や思想、感情を一つの文章作品にまとめ上げる応用技術を取り上げます。

また、今までに述べてきたさまざまな視点を総合して文章を推敲した実例もお見せします。

本書の序章の「文章力とは何か」で、文章の「表現」以前に「内容」、すなわち考えを組み立てることが文章力の根幹をなしていると書きました。しかし実は、考えることと表現することは、同時に行われています。

そもそも「考える」というのは、自分の内に既にある思いとぴったりする言葉を探すことではないでしょうか。人間は、生まれて以来のさまざまな実体験や見聞を通じて、膨大な思想や感情を胸の内に秘めていますが、その多くは潜在意識の中にあります。ある日、その中のどれかにぴったりする言葉を見つけた時、「あっ、そうだ」と、一つの考えがまとまるのです。言い換えると、言葉なくして考えることはできないのではないでしょうか。

もし、この仮説が正しければ、文章の「内容」と「表現」とは、まさに表裏一体の関係にあります。言葉で表現できた時に、初めて考えがまとまるのです。ですから、第2部「表現」は基礎的な技術論でしたが、明確に書けるということは、明確に考えられるということでもあります。そのことを踏まえた上で、ここからは、込み入った事実や思想、感情を一つの文章作品にまとめ上げる応用技術を取り上げます。

第9章 考える道具としてのワープロ

ワープロ（当初は専用機、その後はパソコン）を使い始めて、ほぼ二十年になりました。最初は、清書の機械のような意識で接したのですが、使い慣れるにしたがって、ワープロは書く道具である以前に、考えを組み立てるための画期的な道具だと感じるようになりました。

たとえて言うと、ワープロを用いれば、絵を描くように文章を書くことができます。文章を書く仕事は、元来は糸を紡ぐような線的（リニア）な作業でした。つまり、文字を線状に並べて書き継ぐことしかできませんでした。しかし、ワープロを使うと、まず描こうとする世界の全体像を大まかにスケッチして、見えて来たところ、描いてみたいと思うところ、資料が見つかったところから次第に描き込んで行って、常に全体を見ながら書き進むことができます。文章を面状に書くことができるのです。

別の言い方をすると、パソコンの画面の中で様々な化学反応が起きて、あるいは細胞分裂が起きて、やがて一つの生き物の姿が浮かび上がって来るような感覚を味わうことができます。これは、画面上で考えを組み立てている作業に他なりません。

ワープロで実際に書く作業は、次のようにして進みます。まず、書こうとするテーマに関して思いついたことから、次々に打ち込んで行きます。次に、打ち込んだ情報の相互の関連を見ながら、ある文章とある文章をくっつけてみたり、並べ替えてみたり、足りないところを書き込んだり、あるいは余分と思うところを削除しながら、次第に自分の描こうとしている世界を「発見」して行きます。

その上で関連資料や人に当たって、不確かな部分やデータを確認したり、欠けている部分を補ったりします。その際、ワープロの良いところは、資料をあっちこっちひっくり返す必要がないことです。つまり、手に入った資料を一つ一つ上から、しかも一頁目から、順に片づけて行けばいいのです。そして、自分の文脈の中で必要な部分を修正、削除、挿入しながら、順次資料を消化して行くと、自然に完成に近づいて行きます。

要するに、ワープロの最大の長所は、その優れた編集機能にあります。それが、画面の上で自由に考えを組み立て、情報を整理・再構成することを助けてくれるのです。考えがまとまらない時にも、画面に向かって対話していると、しばしばＫＪ法（混沌とした事象を体系的・構造的に把握し、明確に表現するための実践的手法。文化人類学者の川喜田二郎が編み出した。巻末の参考文献参照）のように、画面上で考えを構築することができます。今やワープロは、知的生産のための極めて有効なツールになりました。書くための道具が、考えるための道具にもなったのです。

上記のような手順で考えを組み立てている途中で、あるいはその最終段階で、とことん納得の行くまで表現を推敲できるのも、ワープロのメリットです。加除訂正・並べ替えが、瞬時にできるからです。原稿用紙にたくさんの加除訂正・並べ替えの指示を手で書き込んでいた時とは大違いです。推敲しながら常に、文書が完成した時の姿を見ることもできます。

前述の仮説――言葉で表現できた時に、初めて考えがまとまったと言える。文章の「内容」と「表現」は、表裏一体の関係にある――が正しければ、ワープロで表現を自由にリファイン（洗練）できるということは、とりもなおさず考えを自由にリファイン（洗練）できるということにもなります。

前にも引用した、明治・大正時代のジャーナリスト堺利彦の『文章速達法』（講談社学術文庫）に、こんな文章を見つけました。

筋書をこしらえようと思っても、まるで順序が立たない。ちらりちらりと色々な考えは浮かんでくるけれども、その間の関係が分らない。（中略）あせればあせるほどますます分らなくなる。

そこで今度はしばらく順序とか関係とかいうことを一切捨ててしまって、浮かんでくるほどの切れ切れの感想を切れ切れのままで一ツ書き（注：箇条書きのこと）に書き並べる。二十項でも三十項でも、あるだけ書き並べる。すると心がよほど落ち着いてくる。今まで頭の中に混乱していたやつを、紙の上に出して見るのだから、頭の中はよほど楽になる。そこで今度はおもむろに、その切れ切れの材料について、順序関係の研究を始める。

これから先は、似通ったもの同士を集めていくつかのグループに分け、各々のグループ内でどのような順番に並べたらいいのかを決めて行くというもので、ＫＪ法の原型を見るようです。正確に言いますと、ＫＪ法では各項目の本質が近いと「感ずる」ものからまず小グループを作り、小分けから大分けに進みますので順番は逆ですが、いずれにしても昔から文章を書く人は、我々と同じような苦労をしていたのだということがよく分かります。今ではその仕事をパソコンが軽々とこなしてくれるようになりました。

以上の点がワープロのメリットの本質的な部分ですが、そのほか便利な機能がいろいろあります。「検索・置換」機能もその一つです。作成中の原稿が何百頁あろうと、その中である特定の用語や表記をどこで使ったのかを瞬時に検索でき、それを必要により他の用語や表記に置き換えることもできます。

さらに、文章を完成させた後、印刷する用紙に応じて、文字の大きさ、字体、一行当たりの文字数、一頁当たりの行数、周辺の余白などを自由に調整できます。横書き、縦書きの転換も簡単です。手書きやタイプライターの時には、考えられなかった自由度です。

そのような作業を終えた時には、完成原稿がハードコピー（紙に印刷された原稿）、電子コピー（ディスクやメモリーに保存されたデジタル情報）の両方の形でそこにあります。電子コピーは電子メールで送付し、そのまま印刷工程に乗せることもできます。昔は、何度もあらすじや下書きを書いた上で清書し、その後推敲する度に加除訂正、並べ替えの指示を書き込んで、印刷する時にはそれを元に活字や和文タイプの文字を一つ一つ手で拾っていたのですから、この技術進歩は画期的です。

とは言え、私は手書きの効用も決して忘れている訳ではありません。美しい肉筆の文章は、そこに並べられた言葉を超えたとても魅力的なメッセージを運んでくれます。また、世の中には依然として手書きで文章を書くべき時がしばしばありますので、無意識に手が覚えている漢字の書き方を忘れないことも大事です。

私は特に若い人にとっては、考える道具としてのワープロの機能を生かして文章を練り上げた後、それを手で丁寧に書き写してみる練習をすることが有益だと思います。そうなると、当初の清書の機械は、考えを組み立てるための下書きの機械に完全に変身したことになりますが。

●コラム　ワープロか、手書きか論争

いまだにワープロ有害論には根強いものがあります。ある著名な芸術家は、「ワープロの手紙は読まずに破り捨てる」と言っていました。「ワープロで書くと、文章がいい加減になる」と主張する編集者もいます。ある出版社の部長は、「電子メールは、つっけんどんな文章になるから駄目だ」と言って、面談か電話か手書きの手紙にこだわっています。

私は、結論から言えば、「ワープロならではの良さがある一方で、手書きならではの良さがある。残念ながらそれを同時に追求することができない」ということに尽きると思います。

ワープロの良さについては、既にいろいろ書きました。それはどれも手書きでは得られないものです。そして、まっとうな言語感覚と表現意欲を持っているならば、ワープロを使うと文章はいい加減になるどころか、逆に研ぎ澄まされたものになります。構成の大がかりな改編から一言一句の選択まで、何十回でも徹底的に推敲できるからです。

一方、手書きの良さはどこにあるかと言えば、①人柄、誠意、ぬくもりと、固有の美しさが伝わる、②漢字の書き方を忘れない、③機械がなくても、筆記用具と紙があればいつでもどこでも書ける、の三点ではないでしょうか。裏返すと、ワープロの欠点は、この三つの手書きの良さがないことだと思います。

野口悠紀雄教授は、『「超」発想法』（講談社）の中で、「近代タイプライタの原型を製造してから10年以上、米国社会はこれを受け入れなかった。『タイプされた文章は無礼だ』というのが、理由である」と書いています。イーストマン・コダック社が写真フィルムを開発した時、それまでの重くて割れやすいガラスの乾板に固執して、「（新しいフィルムは）写真からすべての楽しみを奪ってしまうものだ。（中略）悲しすぎて考えるのも嫌だ」という投稿が写真雑誌にあったという逸話も紹介しています。（八十六頁）

万年筆が登場した時には、「こんなものでまともな日本語が書けるものか。日本語は、絶対に毛筆だ」と主張した人がいたし、ボールペンが登場した時には、「文章は、絶対に万年筆だ」と主張した人がいました。この種の単に古きものにこだわるワープロ反対論には与することができません。

「手で書くという作業は、かなり辛い労働です。だから、なるべく余計なことは書かないようにしようという心理が働く。つまり、頭のなかで考え抜いてから書くわけです」（阿刀田高、『プレジデント』二〇〇六年五月二十九日号）というような手書き擁護論は、重くて割れやすいガラスの写真乾板でなければいい写真が撮れないという議論と同類のように私には思われます。

鉛筆を握って手を動かせば想が湧いて来るという主張も、単に慣れだけの問題で、昨今はキーボードに向かって十本の指を動かすと頭が動き出す人も多いと思います。

しかし、ワープロに手書きの三つの良さがないという点は、できうるかぎり補いたいものです。特に人柄、誠意、ぬくもりを伝えることは大切ですので、私は手紙を書く時には、せめて宛名、住所、差出人の名前は、肉筆で書くように努めています。タイプされた英文レターに、よく印象的なサインが添えられているのに影響を受けて、なるべく青インクの万年筆を使っています。

漢字の書き方を忘れるのもたいへん困った問題ですが、だからと言ってワープロの絶大な力を利用しない手はないので、その欠点は小中高校時代に親しんだ漢字練習帳で時折補おうかと真面目に考えています。

最近は、一文字一文字手で書き進む『えんぴつで奥の細道』（ポプラ社）のヒットをきっかけにして、同じ趣旨の『徒然草』『百人一首』なども出ています。これは書道や写経にも通じ、美しい字を正確に書く練習になるだけではなく、心の落ち着きや豊かさをもたらしてくれる作業なのかもしれません。書道の世界にワープロが入り込めないのは、言うまでもありません。

コラム
ブラインド・タッチ

パソコンのキーボードを見ないで打つブラインド・タッチができるか否かは、パソコンを自由に使いこなせるか否かを決定的に左右する要因です。パソコンのモニター画面だけを見て打てるようになると、文章入力はとても楽になります。資料がある時にも、資料とモニター画面だけを見ればいいのです。もし、資料、キーボード、画面の三つを代わる代わる見て打ったら、疲労は何倍にもなり、パソコン使用に大きな壁ができてしまいます。

　それは分かっていても、ブラインド・タッチは難しそうだと思っている人もいるでしょう。私も長年そう思って敬遠していましたが、ある時本を買って来てその通りに練習したら、意外に簡単でした。キーボードを描いた紙（その本の巻末についていました）を見ながら、本物のキーボードは見ずにモニター画面だけを見て、、ただａｂｃｄ…ｘｙｚａｂｃｄ…と繰り返し打ってみたのです。常に左手の人差し指がＦ、右手の人差し指がＪに置かれるという基本（ホームポジション）を守りさえすれば、たった二十六文字ですし、一本の指が担当するのは人差し指以外は三つのキーですから、指の感覚が自然に覚えてくれます。毎日三十分の練習で、三日間の辛抱だと思います．後は、実践の中でどんどん確かな感覚になり、無意識に打てるようになります。

こんな文章に出会いました
＃９「棚の上」

「まさに世紀末。世の中は乱れに乱れていますね。滅びて当然という気がします」と若い人がいったので、私は賛成しながら妙な気分になった。

「滅びて当然」という言葉を、彼がまるでヒトごとのようにいったことに対してである。

彼はいった。

「いっそ、きれいさっぱり、一度滅びた方がいいですよ。ノアの洪水が襲った方が……」

「あなたは方舟《はこぶね》に入れるつもりでいるのね？」

と私はムカッときた。この若者の「すべてヒトごと」という姿勢が私には気に入らない。

「滅びた方がいいだなんて、その時あなたはどうするつもりなの？　あなたの奥さん、子供、両親……愛する人たちが苦しんで死んでいくのよ。それでも平気で、そうだ、こうなった方がいいんだ、と願っているっていうの？」

この頃、その手の発想が増えている。ものごとを深く考えないで、身を斜にしてしたり顔にいってのける。もしかしたら真剣に考えると自分自身が抱えている矛盾につき当たるので、表層でお茶を濁しておく習慣がついてしまったのかもしれない。本気で考え、本気で意見をいうのはダサイのだ、というポーズをとって己れを許容している。皆が己れを棚に上げてモノをいっている。（佐藤愛子「棚の上」、『中央公論』一九九〇年三月号、文藝春秋『91年版ベスト・エッセイ集　ネパールのビール』に再録、抜粋）

《感じたこと》

しばらく前、「幸せになりたいけど、頑張りたくない。幸せになりたいけど、楽に行こうぜ」という栄養剤のコマーシャルがありました。「これが現代の若者の気質なんだ。頑張るなんてもう時代遅れ」

と友人が解説してくれました。

私は、「幸せこそ善」だと思っていますが、幸せになる方法に流行などあるとは思えません。ものごとの表面だけを撫でて、その本質を見ようとせず、正面から向き合わずに斜に構えて受け流し、ただ軽い冗談のネタにする、そういう流行はむなしいと思います。

第10章 情報集めとその整理

今や古典となった梅棹忠夫『知的生産の技術』（岩波新書、一九六九年）は、かつてものを書く人たちのバイブル的な存在でした。あるテーマに関する情報を集め、自らの考えを組立て、それを文章に表現するという作業を「知的生産」作業と名づけ、それを的確に行うための技術を正面から論じた点が、まず新鮮でした。それまでは梅棹教授が言うように、知的生産の成果物を伝授することには熱心でも、それを生み出す方法を教えることは滅多になかったからです。

この本には、情報を集め整理し、構想を組立てるための「発見の手帳」、ノート、カード、ファイリング、スクラップなどの試行錯誤の過程が書かれていますが、当時の苦労がしのばれます。私自身も大学の卒業論文や、企業に入った後の管理職昇進論文に取組んだ時には、情報やアイディアの洪水の中で暗中模索の作業を強いられ、いささか気が狂いそうな思いをしました。

知的生産技術についてはさまざまな人がさまざまな方法を試みましたが、伝統的手法はどれも問題を根本的には解決してくれなかったと思います。一時流行したカードシステムにも、多くの欠点がありました。一件一葉にすると余白が多く発生し、裏は最初から白紙なので、すぐに膨大な数のカードの山ができます。どこに何があるのかが分からず、全体像もつかめません。相互に関係させることも難しくなります。物理的にしまっておく場所もなくなってしまいます。何よりも問題なのは、あまりにも手間がかかることでした。要するに、膨大な情報やアイディアを収集し整理・活用することに、少し前までの世代の人はとても苦労していたのです。

今は幸い、パソコンが作業の効率を飛躍的に高め、負担を軽減してくれています。コピー機、スキャナ、プリンター、デジタルカメラ、録音機、各種メモリーなどの進歩も、大きな恩恵をもたらしてくれています。

そして何よりも、昨今のインターネットと検索技術の飛躍的進歩が、革命的な変化をもたらしつつあります。やがて、社会人であれ学生であれ、すべての必要な情報を瞬時に検索することが当たり前の時代がくるでしょう。

しかしここでは、目の前の現実的な問題として、まだデジタル化されていない資料（新聞・雑誌の切抜きや、各種印刷物）の整理について書いてみたいと思います。特に新聞の切り抜きは情報源として価値のあるものですが、これまた整理と活用は容易ではありません。スクラップ・ブックに貼りつけると、分類と整理ですぐに行き詰まります。

梅棹教授は、Ａ４版のバラの台紙にすべて貼りつける方法を推奨していましたが、これも一種のカード方式です。私自身の経験では、切り抜いて台紙に糊で貼り、日付、新聞名などを書き入れるのは、かなり手間がかかる作業でした。そして、結局カード方式が挫折したのと同じ理由で、十分なる活用はできませんでした。

私は今は、透明のプラスチックでできた書類挟み（クリアホルダー）を使っています。Ａ４サイズで、四辺のうち二辺が閉じられ、二辺が開いているものです。そこに、切ったままの新聞記事を、台紙に貼らずにそのまま放り込みます。

書類挟みの左上（閉じた方）には小さなラベルを貼り、分類項目を鉛筆で書き入れます。たとえば、「書評 2006.7 ― 12」という具合です。スクラップの量に応じて期間は変えます。

そのプラスチックの書類挟みを、厚さ十センチ余りの縦型ファイルボックスに分類して、ラベルを外側にして立てて入れています。そのボックスの分類は、集まって来た書類挟みによって、適宜変えています。そのため、ここでも小さなラベルに鉛筆で分類項目を書いています。

この方式の良さは、主に次のような点です。

（1）台紙に貼る手間が省ける
（2）台紙がない分かさばらない
（3）大きな新聞記事や、数頁にわたる雑誌記事なども同じ仕組みに組み込める

（4）透明なので、中の記事が外から見える
（5）紙面上部の記事は、表か裏に新聞名や日付が入っているので、書き入れる手間が省ける

新聞から切り取る度に的確に分類しようとすると、それがネックになってスクラップが未分類のまま溜まってしまいますので、よく使う分類項目以外は単に時系列分類で透明書類挟みに放り込みます。

そして、ある種の情報が多く集まって来たら、その分類項目を作ります。分類項目を頭で考えて事前に網羅的に作ろうとする「網羅主義」を採ると、必ず失敗します。あくまでも「発生主義」を貫くべきです。すなわち、自分にとってぜひ必要だという資料を集めて行って、ある種の資料が自然に溜まって来たら、その分類項目を独立させるのです。

新聞・雑誌以外の比較的ボリュームのある書類は、茶色の封筒を使っています。たとえば、「××年健康診断」「××年税務申告」「××社プリンター」「スコットランド旅行（××年）」のようなものです。これも縦型ファイルボックスに分類して、立てています。旅の記録には、旅行中に手に入れたパンフレットや切符や記念の小物など何でも放り込みます。

ここまでの資料については、どこにどのようなファイルを作ったのかを一覧できる分類表を作っています。パソコンのデスクトップ上に作っておくと、簡単に加除訂正ができます。

日頃頻繁に作成または入手する書類の多くは、Ａ４の二穴のフォルダーに綴じて書棚に立てています。このフォルダーの場合、途中の文書をただちに取り出せ、あるいはどの位置にもただちに新たな文書を加えることのできるものがお勧めです。ある文書を取り出す時に、その上に綴じられた文書を一旦すべて外さねばならないものは、決定的に不便です。

ある特定のテーマの書類をたくさん保管する時にはＡ４用の紙製書類箱を使っています。「名簿」という箱には、出身学校、企業、各種団体・サークルの名簿がまとめて入れてあります。一冊の本を書く時の関連書類も、透明の書類挟みに小分類した後で、一つの箱に放り込みます。箱は、デスク・トレイと称するものが気に入っています。

このほか昔から使ってきたオープン・ファイルもまだ併存していますので、決して理想的な一つの仕組みに統一されている訳ではありませんが、少なくともよく使う資料や書類はすぐに出て来るようになりました。

梅棹教授は、「整理や事務の技法についてかんがえることを、能率の問題だとおもっている人がある」「能率とは無関係ではないにしても、(中略)これはむしろ、精神衛生の問題なのだ」(九十五頁)と述べています。私は、第一にもの探しの時間を極少化するため、第二に創造の糧とするために、この整理の技法が大切だと思います。

一時よく、「ホワイトカラーの生産性の向上」が叫ばれました。私はその頃ビジネスの世界にいましたが、「難しいことを言う前に、もの探しの時間を限りなくゼロに近づければ、ホワイトカラーの生産性は大いに向上する」と言っていました。

さらに言えば、もの探しはあると分かっているものを探すことですが、あることすら忘れていた情報が必要な時に出て来るようになれば、しめたものです。

企業や団体には、ファイリングを新米がやる些末な仕事のように考えている人が多いのですが、それは認識違いです。情報が洪水のようにあふれている現代においては、その整理・活用は高度の知恵を要する重要な仕事です。

コラム
文房具の動詞による分類

我が家の書斎とリビングルームには、プラスチックの浅い引出しがたくさんあります。そこに入れている文房具は、動詞で分類されています。

「書く」には、あらゆる筆記用具、消しゴム、修正液など。

「つなぐ・つける」には、糊、接着剤、ホッチキス、クリップ、セロテープ、画鋲、輪ゴム、ポストイットなど。

「切る」には、ハサミ、カッター、ナイフ、爪切りなど。

「測る」には、ものさし、メジャー、計算機、磁石、体温計、コンパスなど。

というわけです。

十年あまり前に家を建てた時に、ふと思いついて採用しました。細々としたものの整理になかなか便利です。

こんな文章に出会いました
#10「ヴェネツィアのゴンドラ」*

十八世紀にヴェネツィアを訪れた旅人が、まずなによりも先に好奇心を持って眺めたのが、ホテルを一歩外に出れば足許に迫る運河であり、そこを黒い水鳥のように行き交うゴンドラであった。当時のゴンドラは、二人で漕ぐのだから、速度も早かったであろう。観光用ではなく実用を目的としていた。

この、水の上をすべるように進むゴンドラの乗り心地は、馬車に慣れた人々にとっては、特別なものであったらしい。ゴンドラを味わった後は、いく分かのためらいを感じないでは馬車に乗れないのではないか、と書いたフランスからの旅人がいた。運河も、今よりは流れがスムーズに、ために、より澄んでいたにちがいない。

ヴェネツィアでは、地位の上下を問わず、経済力のあるなしにかかわらず、人はみなゴンドラに乗るか、でなければ歩くしかない。ゴンドラも黒一色で、誰でも同じものしか所有できない決まりになっている。これが、フランス革命直前のヨーロッパ人には、強い印象を与えたようである。支配階級に属する元老院議員が、会議に遅刻しそうになって、元首官邸に向かって聖マルコ広場を駆け足で通り過ぎる光景などは、ヴェネツィアっ子にとっては見慣れたものだったが、北からの旅人には、珍しく映ったのであろう。（塩野七生『海の都の物語』中公文庫、下巻四百七十三頁からの抜粋）

《感じたこと》
塩野七生のイタリアに関する数々の著作には、日本人離れしたスケールの大きさがあります。一九九二年以来毎年一冊の分厚い本を書き続けてきた『ローマ人の物語』全十五巻にも見られるように、彼女は膨大な歴史的知識と独自の考察を土台に、次々と人間物語を生み出しています。あのような膨大な情報をどのようにして自由自在に繰り出してくるのか不思議でなりません。自分の手でノートに書くことによって記憶している、とどこかに書いていましたが、特異な才能としか思えません。
ここに引用した十八世紀のヴェネツィアの情景には、みずみずしさがあります。遅刻しそうになって聖マルコ広場を駆け足で通り過ぎる元老院議員は、微笑ましくもあります。

第11章 複雑な問題の整理

この本の原稿は、第9章「考える道具としてのワープロ」に書かれた通りの作業手順で書いています。思いつくままにパソコンに打ち込んで行きますので、最初から完成原稿に近いものもあれば、あらすじのような部分もあり、ただのキーワードもあります。それを眺めて、似たもの同士を一ヵ所に集め、グループ（文章や語句の固まり）をいくつも作り、その順番を入れ替えたりしながら徐々に書き込んで作品を生み出して行く過程は、とても自然で楽な手順のように思われます。

ただし、かなり複雑な問題について文章を書く際には、いきなり散文スタイルで書くのではなく、まず関連要因を整理してみることが得策だと思います。その整理の手法には、一覧表、対比表、相関図（連関図法、系統図法、親和図法、ロジカル・ツリー、フィッシュボーン・ダイヤグラム、コーズ・イフェクト・ダイヤグラム他）などがあります。品質管理（QC = Quality Control）や問題解決のために開発されたさまざまな技法が参考になります。しかし、一見立派でも、実はあまり実用的でない手法もありますので吟味が必要です。

ここでは、あまり高度の技法を使ったものではありませんが、私が過去業務上の問題を整理する時に試みた方法を二つ紹介してみます。このような関連要因の全体像の整理は、そのままでも会議の説明資料になりますが、文章化する際の有効なベースともなります。

【事例1】 海外給与・処遇に関する分析

企業の海外進出が進むと、各国に赴任した社員の給与その他の処遇条件をどのように設定するかが問題となります。それは簡単に言うと、各国の生活環境と物価レベルを考慮して決められます。もちろん他の企業・団体がどのような処遇をしているかも参考にします。

昔、私がタイで勤務していた時に、タイで働く日本人社員の給与や処遇条件の改定について、日本の本社と話し合う機会がありました。その時最初に、次頁のような表を作りました。これは、実際に作成したものを多少加工したものです。

とても簡単な対比表ですが、このように整理してみると問題の全体像が分かり、今年はどの問題を重点的に解決すべきか、という議論も容易になります。

その時は実際にこの総括表を元に議論し、「タイへの派遣条件の問題点と対策（案）」をまとめ

	メリット（有利な点）	デメリット（不利な点）
海外共通	◎大きな責任と、権限のある仕事ができる。（実力の向上、企業家精神の高揚につながる） ◎異文化適応能力の向上がはかれる。多様な経験ができる。 ○共に苦労した友人との絆が強まる。（外国人、日本人共に） ○通勤が、東京、大阪より楽。	◎海外にいる間に、日本の事業に関する情報や、業務知識が陳腐化する。日本にいる社員と、意識のギャップが生ずる。 ◎教育問題（単身赴任では父親不在になり、家族を帯同すると、現地の教育条件に制約される） ◎海外勤務経験を、帰国後生かす場が少なくなった。（海外勤務者は昔ほどエリートでなく、希少価値もなくなった。不景気で、帰任時にポストが見つからないケースもある） ◎海外では、個人の能力や人格の欠陥部分が露呈しやすい。 ○親戚、友人、その他人脈との隔絶 ○文化的機会の制約 ○経済的機会（持ち家、利殖など）の制約 ○物質的欠乏感 ○赴任、帰任時に、経済的ロスがある（家、車、家具、家電製品などの処分）
タイ特有	○日本人社会が、比較的発達 ○大きな日本人学校がある ○外食事情が、比較的良い ○ゴルフが手軽にできる ○メイドが使える ○運転手付きの車に乗れる	◎健康問題（肝炎、各種感染症、大気汚染、食品汚染、薬害、寄生虫など） ◎事故のリスク（交通事故、犯罪、毒蛇、野犬など） ◎教育環境（遊び場不足、友人不足、家から出ない、基礎体力が落ちる、だらける、社会性に乏しい） ○高温多湿気候 ○洪水

図表8　タイ勤務のメリット・デメリット

て、本社に提出しました。そこでは、給与、家族のタイへの帯同、知識・情報・意識の日本とのギャップ、タイでの家と車、任期、赴任後の国内住宅借り上げ、帰任時の経済的ロス、帰任後の処遇などの項目に分けて、問題点と要望を表にまとめました。

後に私は個人的に、イタリア赴任の話を受けるべきか否か、転職すべきか否か、ビジネスから退くべきか否かなどの岐路に立った時、このような一種のバランスシートを作りました。横軸にメリット、デメリットを取り、縦軸を、公・私別にいくつかの要因に分けて整理すると、問題の全体像や自分の考えがはっきりしますので、意思決定の助けになります。また、意見や希望を他人に説得力を持って伝えることができ、文章で表現する際にも確かな土台になります。

【事例2】　大工場の海外移設計画

今からほぼ二十年前、同じくタイの合弁会社で働いていた時に、ある大きな検討課題が浮上しました。それは、「プラザ合意による急激な円高で、日本の一つの輸出専用工場が競争力を失ってしまったが、その工場をそっくりタイに移設したら、果たして事業性があるか」というテーマでした。

後にこの大型移設プロジェクトは決定され、実施され、事業としてたいへん成功するのですが、稼動している工場を停めて解体し、それを海外に運んで組み立てて操業するなどという事例はかつてありませんでしたので、難しいテーマでした。

その検討課題が浮上した日の晩、早速その合弁会社の社長と、技術、販売、企画管理の役員の計四人がある場所に集まり、徹底的な検討を始めました。企画管理を担当していたのが私でした。数時間かけて、そのテーマに関わる要因を片端からあげて議論した後、私は家に帰り、一晩で大きな紙五枚に、「××プロジェクト主要検討項目」を整理しました。

それは、事業環境、設備・技術、人員、資金調達、政府許認可、株主対策、業界対策、事業性の八項目に分かれた関連要因相関図でした。その詳細は省きますが、最初の「事業環境」のみを簡略化して示してみます。

その日作成した関連要因相関図は、チャレンジングな課題に満ちていました。技術的にも未知の課題が多くありましたが、一気に増えるタイでの生産量をどう売りさばくかも試練でした。ただちに具体的な販売計画が作られたのは当然です。

その他、人員、資金、政府許認可、タイ側株主の説得、業界対策、事業採算分析など、どれをとっても容易ではありませんでしたが、実は、初日に数時間議論した後で、幹部四人の間では「行けそうだ」という直感が早くも生まれていました。そして、八つの関連要因相関図で問題の全容

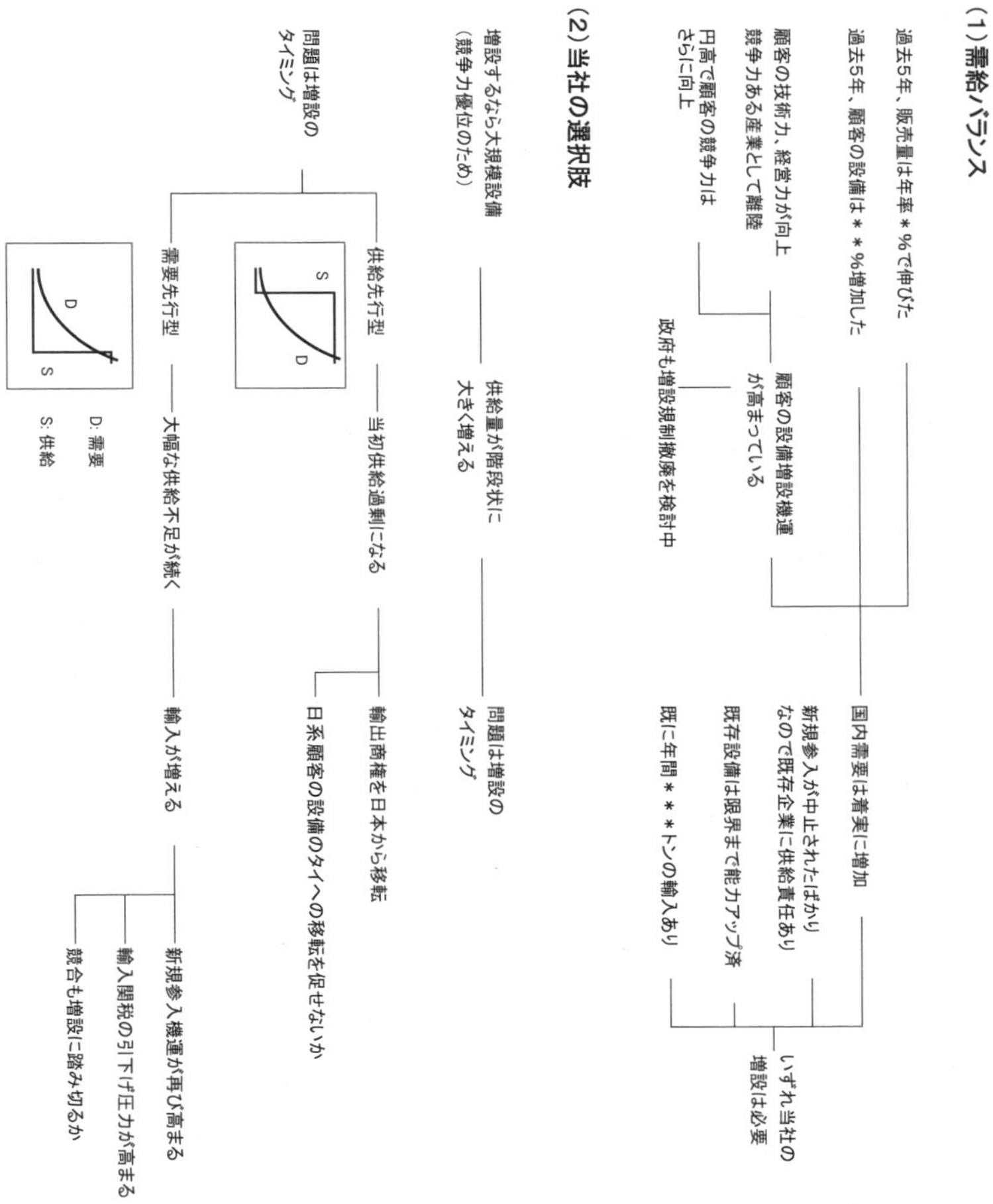
(1) 需給バランス
過去5年、販売量は年率＊%で伸びた
過去5年、顧客の設備は＊＊%増加した
顧客の技術力、経営力が向上
競争力ある産業として離陸
円高で顧客の競争力はさらに向上
顧客の設備増設機運が高まっている
政府も増設規制撤廃を検討中
国内需要は着実に増加
新規参入が中止されたばかりなので既存企業に供給責任あり
既存設備は限界まで能力アップ済
既に年間＊＊＊トンの輸入あり
いずれ当社の増設は必要
(2) 当社の選択肢
増設するなら大規模設備（競争力優位のため）
供給量が階段状に大きく増える
問題は増設のタイミング
問題は増設のタイミング
供給先行型
S
D
当初供給過剰になる
輸出商権を日本から移転
日系顧客の設備のタイへの移転を促せないか
需要先行型
D
S
大幅な供給不足が続く
輸入が増える
新規参入機運が再び高まる
輸入関税の引下げ圧力が高まる
競合も増設に踏み切るか
D: 需要
S: 供給

図表9　タイにおける製品Aの事業環境

を把握し、その一つ一つをつぶして行くうちに、タイで事業運営をしていた当事者の直感は確信に変わって行きました。

しかし、それが本当に正しい判断であることを検証し、本社の経営陣を説得できるだけの論証をするのは、容易なことではありませんでした。それは、まさに分析力と表現力の勝負でした。

このような複雑な問題を整理するためには、問題の全体像をつかみ、主要な要因を構造的に把握することが欠かせないと思います。いわゆる稟議書《りんぎしょ》（決定を仰ぐための、企画・提案書）を起草する時にも、そのようにして作成した関連要因相関図を手元に置いて書けば、論旨のしっかりした説得力のある文章を書くことができます。

ビジネスの世界には、このような複雑な命題がたくさんあります。そもそもビジネスとは、厳しい競争環境の中で、知識、分析力、判断力、感性、創造性、人間理解力、人柄、表現力、説得力など、あらゆるものを総動員して行われる全人的なゲームです。その中で、企画・戦略スタッフを務めていると、いやおうなしに文章力も厳しく鍛えられます。事実関係や考え方を明確に表現できなければ、組織として、正しい判断・行動ができないからです。

第1部「発想」では、学生時代からの思索ノートが文章力の土台を作ってくれたと書きましたが、その後ビジネスこそが文章力を育ててくれたと思います。

コラム
全体像と一覧性

ある問題に取組もうとする時に、その問題の全体像が見えているか、それとも一部しか見えていないかは、心理的に大きな違いをもたらします。困難な課題に挑戦する時にも、もしその全体像が見えているると気持ちが大分楽になります。また、木を見て森を見ずの議論を避けることができます。ですから、書類上あるいはパソコン画面上などである問題を検討しようとする時には、全体像が見え、一覧性がある文書を作ることが大切です。

こんな文章に出会いました
#11「自然からの教訓」*

（子どもが）一日じゅう、飛んだり跳ねたり、遊んだり、走りまわったりしているのが、なんの意味もないことだろうか。一生のうちでこんなに充実した時はまたとあるまい。

書物で勉強しなくても、見るもののすべて、聞くもののすべてが子どもを刺激し、かれはそれを覚えている。

生徒の心を遠いところにむけさせないで、直接かれの身にふれるものに心をむけさせるように努力するなら、やがて、かれが知覚、記憶、さらに推論の能力さえもそなえているのをみいだすだろう。それは自然の秩序なのだ。感覚する存在が行動する存在になるにつれて、かれはその力に相応した判断力を獲得する。生徒の知性を養おうとするなら、労働させ、行動させ、走りまわらせ、叫ばせ、いつも運動状態にあるようにさせるがいい。

たえず動きまわっているから、多くのことを観察し、多くの結果を知ることになる。はやくから豊かな経験を獲得する。人間からではなく、自然から教訓を学びとる。いつも自分の考えで行動し、他人の考えで行動することはない。（J・J・ルソー『エミール』一七六二年、今野一雄訳、岩波文庫、上百六十二頁から百九十頁までの間から抜粋）

《感じたこと》

一人の少年エミールをどのように育てるべきかを綴ったこの十八世紀の大著は、私が生涯で最も丁寧に読んだ本のひとつです。何かの時に振り返りたい部分は〈　〉でくくり、核心を突いていると思われる語句には線を引き、感ずるところがあれば鉛筆で書き込みをしました。教育論と思って読み始めてみたら、人間いかに生きるべきかという人生哲学そのものでした。大学時代のこの本との出会いは、粘り強く考える力、的確に表現しようとする意欲を、それまでよりも一段高めてくれたと思います。

第12章　総合的な推敲例

ここでは、今までに述べてきたさまざまな視点を総合して文章を推敲した実例をお見せします。最初の二つは、学生の書いた文章を話し合いながら推敲したもので、三つ目はある企業が対外発表した資料の改善案です。

【事例1】　志望動機

国家公務員Ⅱ種を目ざしたいという学生が、「志望動機」というタイトルで模擬的な小論文を書きました。

原文は、三つの段落（パラグラフ）からなっていました。その論旨は、以下のようなものです。

（1）官庁のインターンシップに参加して、国家公務員の仕事に関心を持った。

（2）自分は、中学、高校、大学と一貫教育の中で育ったので、受験の洗礼を受けておらず、勉強に向かう姿勢に甘さがある。敢えて難しい国家公務員試験に挑んで、その甘さを払拭《ふっしょく》したい。

（3）当初考えていた管理栄養士の仕事より、国家公務員の仕事の方が、私にとってはやりがいがあると思う。

以上の論旨ははっきりしていましたが、最初に書かれた文章にはいろいろ問題がありました。段落ごとに話し合い、問題点を検討して、改善案をつくりました。

第1段落

原文

ある中央官庁のインターンシップに参加し、①国民の役にたてる仕事に対して興味を持ちました。また、②私が作成した図を、部会で使って頂けるということになり、仕事の達成感を味わうことができました。インターンシップ終了後、国家公務員として働きたいと強く感じるようになり、管理栄養士の道③から、国家公務員を目指そうと決めました。

問題①

「国民の役にたつ」は少し漠然とし過ぎています。学生の話を聞いてみると、「栄養士は目の前の限られた人々を対象にした仕事だが、国家公務員は、全国の食品の消費者のための仕事ができる」という趣旨であることが分かりましたので、そのように具体的に書くことにしました。

問題②

「私が作成した図を、部会で」だけでは、どんな図なのか、どんな部会なのか、読者には全く分かりません。学生に質問したところ、図は「類似した二つの食品表示の違いが、一目見て分かるような説明図」であることが判明しましたので、そう明記することにしました。

また、「部会とは？」と聞いてみると、「共同の検討会です」という答が返って来ました。それもよく分かりません。「官庁と民間との共同検討会？」と聞くと、ある官庁の中のいくつかの関連部署が共同して行なう検討会であることがようやく分かりました。そこで、「省内の検討会」とすることにしました。

多くの書き手に見られる問題ですが、この小論文にも、自分の使った言葉を読み手の側からチェックすることが十分できないので極端に省略してしまい、言いたいことが伝わらない表現が散見されました。

問題③

「管理栄養士の道から、国家公務員を目指す」という文章を読んだ時、私は、「管理栄養士の仕事から始めて」「管理栄養士の仕事を第一ステップとして」と理解してしまいました。しかし、学生が言いたかったことは、「管理栄養士の道を目指すことをやめて」でした。

ここでも、自分の頭の中にはそれが大前提として既にあったので、簡単に「から」と表現してしまいましたが、読者にはその大事な前提をまだ全く伝えていませんでした。

次の改善案では、学生の頭の中にあった大前提を、冒頭に明記しました。これによって読者は、学生が置かれた状況が理解でき、その後の文章が頭に入りやすくなると思います。

改善案

私はしばらく前まで管理栄養士の道に進もうと考えていましたが、最近、ぜひ国家公務員になりたいと思うようになりました。そのきっかけになったのは、ある中央官庁のインターンシップに参加したことです。食品の表示に関する調査を担当しましたが、類似した二つの食品表示の違いが一目見て分かるような図を作成したところ、省内の検討会で使用していただけることになり、達成感を味わいました。全国の消費者のためになる仕事に、今はとても興味があります。

第2段落

原文

私は、今まで中学、高校、大学と一貫教育で育ってきました。一般的に、どの学校でも①内部だから勉強ができないと言われています。やはり、受験戦争を乗り越えてきた友人と、勉強の理解度に差異があると実感しています。甘い人生を歩んでいることに、劣等感を抱いています。②多岐に渡る知識や、文章力、官庁訪問を行なうことは、私に足りないものを克服するための全てが詰まっています。過去にない努力をし、国家公務員として社会に出ることで、③自信と誇りを持ちたいです。難関と言われることへの挑戦、無理と思われている職種を目指すことこそ、実現できた時の③自信と喜びは、一生ものになります。どこまでできるかという自分への挑戦、辛いと感じても乗り越え、甘い人生に終止符を打ち、そして③自信と誇りをもつべく、国家公務員になろうと決心しました。

問題①

「内部」の一言で、「入学試験を受けずに、内部から進学して来た学生」を表現しようとしていますが、これも極端な省略で、読み手には意味が伝わりません。日頃仲間内では、このような省略表現で通じているのだそうですが、官庁や企業に出す小論文は、第三者にきちんと伝わるように表現しなければなりません。

問題②

この文章も、学生の説明を聞くまで、よく理解できませんでした。「多岐に渡る知識」とは、国家公務員Ⅱ種の十数科目の筆記試験に必要な知識を意味しており、「文章力」とは、小論文試験を意味しており、「官庁訪問」とは、そこで行なわれる面接試験や、学生同士の擬似ディベート試験などを意味しているのだそうです。

小論文を書こうとすると少し気取ってしまうためか、このように抽象化したり、間接的表現を使ったりする傾向が多く見られます。しかし、明快な文章を書くためには、照れずに真正面からそのことを具体的に表現することが必要です。

問題③

「自信と誇り」「自信と喜び」「自信と誇り」が、連続して三回出てきます。このような重複は避けるべきです。この段落には、「甘い人生」「挑戦」などの言葉も重複して使われています。一般的には、何度も同じ言葉を繰り返さず、ピシリと一回で決めた方がしまったいい文章になります。

次の改善案は、重複を省いた結果、原文に比べ、文字数が半分近くに減りました。

改善案

国家公務員の試験が難しいものであることは承知していますが、それが逆に意欲をかきたててくれます。私は、中学、高校、大学と、一貫教育で育って来ましたので、受験勉強を乗り越えて来た友人に比べると、勉強に対する姿勢に甘さがあると感じていました。多くの学科試験や、論文試験、面接などの難関に挑み、それを突破することによって、自信と誇りを得たいと考えています。もしそれがかなえば、一生の財産になると思います。

第3段落

原文

①管理栄養士の道をやめ、国家公務員になる理由は、管理栄養士専攻のため、学校では管理栄養士試験に受かって当たり前と意識されています。②この道では、私の理念に反してしまいます。また、管理栄養士の方と同じ現場で仕事を行ってきましたが、③私には一

分一秒を争うような管理栄養士の仕事は合わないと実感したからです。
以上のことから、国家公務員を志望しました。

問題①
この文章の骨組みを取り出してみますと、「国家公務員になる理由は、管理栄養士試験に受かって当たり前と意識されています」ですので、文頭（主語）と文末（述語）が全く対応していません。第4章の1「文頭と文末を対応させる」にかなっていない例です。
一つの文に「管理栄養士」という言葉が三回出てくるのも、望ましくありません。

問題②
「理念」と言われても、この言葉ではこの前に何も説明していないので、読者にはピンと来ません。たとえば、「敢えて難関の試験に挑みたいという私の志に反します」などと中身を説明すべきです。しかし、その志は賞賛に値しますが、国家公務員を目ざす主な理由とするには弱過ぎます。採用試験は単なる入口の問題であり、その後何十年も働く動機ではないからです。

問題③
私はこの部分を読んでこの学生に、「どんな仕事でも、一分一秒を争うような場面がある」と言いました。「仕事は毎日問題解決の連続だが、問題はベルトコンベヤーに載ったみたいに、一定量が一定間隔でやって来る訳ではない。とかく重大な問題がいくつも重なって起きるものだ」というような私の講釈を聴いて、本人は「もっともです」と言って引き下がりました。

しかし、後で私は「あの学生が、そんなことを知らないはずはない、本当は何か別のことを言いたかったのではないか」と思いました。そして翌週再度話を聞くと、実は「毎日、決まった時間に決まったことをする仕事には、十分やりがいを感じられない」ということを学生が言いたかったのだと分かりました。

言いたいことと出て来た言葉とがずれている典型例でした。学生は、時間に関わることを言いたかったのですが、「一分一秒を争う」という時間に関する定型的な表現を思いつき、その言葉に自分の気持ちを託してしまったのです。これは、よくあることです。

この話し合いの結果、難しい試験に挑戦したいということよりも、ここで学生が言いたかったことの方が主な志望動機であると分かり、それを改善案に盛り込みました。

改善案

管理栄養士も大切な仕事だと思いますが、毎日決まった時間に決まったことをする仕事は、私には合っていないように思います。今は、全国の消費者のために創意工夫をしながら長い間努力を積み重ねて行って、ようやく一つのことが完成するような仕事についてみたいと思っています。そこでいっそ、難関の国家公務員に挑戦しようと決意しました。

【事例2】　国家公務員試験Ⅱ種　論文試験

平成16年度に実際に出題された次頁の問題に答えるつもりで、ある学生が小論文を書きました。

第1段落

原文

①表から読み取れることは、まず「自分の才能や能力を発揮するため」と考える傾向が、年齢が上がるにつれ男女共通して減少している。「社会の一員として務めを果たすため」と考える人は、②男女で差があり、若年者は少なく、60代男性に最も多くなっている。③「わからない」と考える人が70歳以上になると急激に増加している。男性に比べ、女性が圧倒的に多い。④「お金を得るため」は、男女共に大きな差はなかった。

平成 16 年度－論文試験［行政］

下の表は、働く目的について日本人約 7000 名から回答があったアンケート調査（平成 14 年調査）の結果である。この表からどのような傾向が読みとれるか。読みとれる傾向をいくつか挙げよ。

また、そのうち一つの傾向を任意に選び、そのような傾向となる要因として考えられるものを二つ挙げ、その二つの要因について説明せよ。

働く目的は何か

	該当者数（人）	お金を得るため（%）	社会の一員として務めを果たすため（%）	自分の才能や能力を発揮するため（%）	生きがいを見つけるため（%）	その他（%）	わからない（%）
	7,030	49.5	11.7	9.6	22.5	1.3	5.5
［性］							
男性	3,240	50.5	14.9	9.9	19.9	1.3	3.5
女性	3,790	48.6	8.9	9.3	24.7	1.3	7.2
［性・年齢］							
（男性）							
20～29 歳	327	58.4	9.8	17.7	14.1	—	—
30～39 歳	477	66.5	9.6	12.2	10.1	0.6	1.0
40～49 歳	539	62.3	14.7	11.3	10.6	0.7	0.4
50～59 歳	687	56.0	16.3	7.7	18.0	1.2	0.7
60～69 歳	663	37.9	18.9	7.8	29.3	2.1	4.1
70 歳以上	547	28.3	16.5	7.1	32.2	2.4	13.5
（女性）							
20～29 歳	399	60.7	6.8	13.8	17.8	—	1.0
30～39 歳	640	64.1	6.4	11.6	14.2	1.1	2.7
40～49 歳	681	59.3	9.1	10.7	17.6	0.9	2.3
50～59 歳	767	52.2	10.0	8.0	25.0	0.5	4.3
60～69 歳	744	36.0	9.7	7.0	35.9	2.0	9.4
70 歳以上	559	21.3	10.6	6.4	35.1	3.2	23.4

図表 10　平成 16 年度 国家公務員試験 II 種

問題①

「表から読み取れることは」と始めたら、「ということである」と締めくくらねばなりません。「減少している」では、文頭と文末が対応していません。

問題②

「男女で差があり」ではなく、「男性の方が女性より多く」とすべきです。

問題③

「わからない」という答が70歳以上に多い理由は、もはや働いていないからでしょう。それならば、あまり意味のあることではありません。「わからない」についてコメントするより、他にコメントすべきことがいくつかあります。

問題④

四つの選択肢の中で、「お金のため」という答が圧倒的に多いのですから、この点を最後にではなく最初にあげるべきです。そこに男女差がなかったことより、男女共ほぼ50％の人がこれをあげたことの方に意味があります。

この種の問題では、問題の軽重を見分ける力も試されていると思われますので、最も顕著で重要なものから書くべきでしょう。したがって「お金」の次には、「生きがい」に触れるのが順当だと思います。

また、「読み取れる傾向をいくつか挙げよ」という設問ですから、第一に、第二に、第三に、という答え方がよいと思います。

改善案

第一に、圧倒的に多くの人、すなわち全体のほぼ50％の人が、「お金を得るため」と答えている。この答に男女差はほとんどないが、年齢別では、収入の割に家計費のかさむ30代、40代にその答が多い。第二に、「生きがいを見つけるため」は女性に多く、「社会の一員として務めをはたすため」は男性に多い。第三に、若い人ほど、「自分の才能や能力を発揮するため」と答えた人が多い。

第2段落

原文

今回、私は「自分の才能や能力を発揮するため」と考える男女が、①年齢が上がると共に減少している傾向の要因を述べる。②最も割合が多いのは、20～29歳の男性。次いで、同年代の女性となっていることから、③能力や才能を認められることは、社会で地位を築くことや自分のやりたい仕事ができるようになる。

問題①

これから若い人の特徴について述べようとしているのですから、年齢が上がると共に云々、と高齢者の方に着目して書かずに、若い人に着目して、「若い人ほど『自分の才能や能力を発揮するため』と答えた人が多い」と書いた方がいいでしょう。

問題②

これから年齢別の特徴について論じようとしている時に、男女別の話を持ち出して、わき道にそれない方がいいと思います。書くとしても、「男女とも20代に、こう答えた人が最も多い」などと、20代に注目した書き方をすべきです。

問題③

これも、文頭と文末が対応していない例です。「能力や才能を認められることは、……やりたい仕事ができるようになる」では文章になっていません。「仕事ができるようになることである」とすれば文章になります。

「能力や才能を認められれば、社会で地位を築き、自分のやりたい仕事ができるようになる」でも構いません。

しかし、それはどの年代にも当てはまることですので、若い人ほど「自分の才能や能力を発揮するために働く」と考える根拠にはならないと思います。話し合ってみるとこの学生は、年齢が上がると共に能力や才能は既に認められ、地位を築いているだろうから、別の目標に意識が向いているだろうと考えていることが分かりました。

しかし、人間は何歳になっても自分の能力や才能を発揮して信頼され、やりたい仕事を任されたい（あるいは任され続けたい）と切実に思っているものです。あるプロ野球の有名選手が成績が落ちて首になりかかっているのに現役に固執している実例を持ち出したら、新しい発見をしたかのように納得してくれました。

この改善案は、第3、第4段落と共に示します。

第3、第4段落

原文

①もう一つの要因として、一番若い年代なので、あまり挫折感もなく夢と希望と可能性にあふれているからだと考える。たとえば、これから②自分の手でどう会社を成長させていくかという気持ちに勢いがあると思う。

③これらの裏づけとして、「社会の一員として務めを果たすため」という意見が、20代に少なく年齢が上がり確固たる地位を得ていくと共に増加していることである。つまり、地位を得ている人は、務めを果たすという最終目標をもっているが、その過程にいる20代の人は「自分の才能や能力を発揮するため」を働く目的としているだろうと考える。

問題①

ここで「もう一つの要因として」という表現に出くわすと、読者は「第一の要因はどこに書いてあったのか？」と疑問を感じてしまいます。「二つの要因を述べよ」という設問ですから、最初から、「第一の要因は」「第二の要因は」と明記すべきです。

それを別にしますと、ここで述べられている「夢と希望と可能性にあふれている」は、若い人ほど自分の才能や能力を発揮するために働くと考える根拠になると思いますので、改善案ではこれを第一の要因としました。

問題②

「若い人には、自分の手でどう会社を成長させていくかという気持ちに勢いがある」というのは、必ずしも納得できません。そのような高い志の若い人ももちろんいるでしょうが、一般的には、若い人は自分の担当の仕事に没入しており、会社全体の成長を真剣に考えているのは、社長や役員などの立場の人ではないでしょうか。

問題③

「これらの裏づけとして、××が増加していることである」は、やはり文頭と文末の対応がなされていません。「これらの裏づけとなるのは、××が増加していることである」とするか、「これらの裏づけとして、××が増加している」とすれば、文頭と文末が対応します。

改善案

上記の三つの傾向のうち、若い人ほど「自分の才能や能力を発揮するため」と答えた人が多いことに私は着目してみたい。

その第一の要因は、若い人ほど自分の才能や能力がまだ未知数であり、それを発見し伸ばす余地が大きいことだと思う。若い時はまだあまり挫折感を味わっておらず、夢も多い。自分の能力の限界は見えていない。社会に出て一定の責任を持って仕事を始めた時、それを負担だと感じる若い人もあるだろうが、一方で、自分の才能や能力を見つけ、伸ばし、発揮するチャンスだと考える若い人も多いと思う。

第二の要因は、若い人はまだあまり大きな責任を負っておらず、比較的自分個人の問題に集中できることだと思う。職場で大きな責任のある地位についている人はまだ少なく、独身者も多く、結婚していても子供の教育費の負担はまだ比較的軽い。家庭での責任を意識する30代、40代には「お金を得るため」と答えた人が多く、50代以上になると、「社会の一員として務めを果たすため」と答えた人が多いことも、それを裏付けていると思う。

【事例3】　某社の記者発表資料

ビジネス関係の文章の多くは企業秘密がからみ、あるいは極めて個別具体的なため俎上に載せにくいのですが、ここでは少し前の某社の記者発表資料の中からいくつかの段落を選んで検討してみます。タイトルは、「A事業の今後の展開方針」です。

第1段落

原文

（前略）この事業が国際的な競合激化の中で①生き残るためには、独自性のある②付加価値の取れる事業の国内外での①強化拡大が必要であり、中長期計画の重要③課題となっている。

問題①

この段落には「生き残る」「強化拡大」という言葉がありますが、この記者発表資料には全体に勇ましくも悲壮な言葉がたくさん使われていて、それがかえって文章の力を弱めています。この後たとえば、「流通変革への対応力強化」という表現も出てきますが、「流通変革への（的確な）対応」で足ります。別の場所には、「生産チームの強化拡大」とありますが、同時に「生産チームの集約化」という逆の意味の言葉も書かれていますので、この筆者は「強化拡大」というような強調語を無意識に多用する癖があるようです。企業の中で書かれる文章には、とかくこのような傾向があります。

問題②

「付加価値の取れる」は、メーカーが内向きに使う言葉であって、対外的に発表する資料には適切ではありません。

問題③

「何が」課題なのかが、一読しただけでは明確ではありません。元に戻って読み直せば分かりますが、それでは不親切です。また「課題となっている」というような中立的な表現よりは、「我々は××を課題と認識している」という能動的な表現の方が望ましいと思います。

改善案

この事業の国際競争が激化しているが、当社は独自の付加価値を持つ製品を国内外で供給する体制をととのえ、市場における優位性を確保する方針である。それを中長期計画の重要課題の一つとしている。

第６段落　（第２～第５段落は省略します）

原文

ボーダーレス化・国際分業の進展に対する事業の基本姿勢は、日本とアジアの原料生産拠点を①軸に、世界マーケットに対応することである。その一環として、いくつかの海外合弁会社を新たに設立する。（具体的地名・社名を列挙）

グローバルな事業を展開するには、海外生産拠点の技術の向上が②必須であり、そのためには国内③生産チームとの連携が②必要であり、③生産チームと一体となったグローバリゼーションを目指して行く。

問題①

「日本とアジアの原料生産拠点を軸に」は、直截に言えば、「日本とアジアの生産拠点から原料を供給し」という意味です。「軸に」というような婉曲な隠喩（メタファー）を使うことは望ましくありません。

問題②

第4章の3「曖昧接続を避ける」に書いたごとく、「……であり、……であり」とつないで行く書き方は望ましくありません。単なる並列的列挙なのか、それとも因果関係なのかが明確でないからです。

問題③

「生産チームとの連携」と「生産チームと一体となった」は、重複した表現です。

改善案

ボーダーレス化・国際分業の進展に対応するため、次のような方針を設定する。

（1）原料は日本とアジアの生産拠点から供給する。

（2）適地生産・適地販売の体制をととのえるため、いくつかの海外合弁会社を新たに設立する。（具体的地名・社名を列挙）

（3）海外拠点の技術力の向上が鍵になるので、国内生産チームと緊密な連携をとってグローバリゼーションを進めて行く。

第7段落

原文

消費者は価格指向を強め、①購買形態の多様化を求めている。流通の短絡化に②端を発する流通革命は、消費者の支持を受け急速に進行している。（中略）当社は、流通段階との垂直連携を深める必要があり、③価格訴求が必要な商品については海外オペレーションをも④視野に入れた取り組みを推進する。（注：「海外オペレーション」とは、ここでは海外の低コスト地域に生産を移すこと）

問題①

ここでなぜ「購買形態の多様化」に言及するのでしょうか。単に「消費者は価格指向を強めているので、流通を短絡化する流通革命が進行している」と言いたいのであれば、このような言葉で話を拡散させてしまわない方が、読み手に親切です。

問題②

「端を発する」とは、最初のきっかけになるという意味ですが、それではその次に続くものは何でしょうか。ここでも単に「流通を短絡化する流通革命が進行している」と言いたいだけだとすると、「端を発する」は意味のない飾り言葉だということになってしまいます。

問題③
「価格訴求が必要な商品」と婉曲に表現したい気持ちは分かりますが、言わんとすることは、「低価格商品」「価格競争の厳しい商品」でしょう。

問題④
「視野に入れた取り組み」とは、「そちらに目を向けるが、まだ実施するかどうかは分からない」という曖昧な表現ですので、「態度がはっきりしない」という印象を与えてしまうと思います。やると決めているのならば、はっきりそう言い切るべきでしょう。

改善案

消費者が価格指向を強めているため、流通を短絡化する流通革命が急速に進行している。それに的確に対応するため、当社は流通段階との垂直連携を深めたい。また低価格商品については、海外オペレーションにも積極的に取り組む。

全体にこの記者発表資料は、悲壮感のただよう強調語や、曖昧な婉曲表現、飾り言葉が多用される一方で、論旨が必ずしも明確に表現されていません。ここでは取り上げませんでしたが、箇条書きや数表にすれば一目瞭然の内容を、長い文章の中に書き流している部分もありました。

ビジネスの場ではこのような文章が多く書かれ、それを「言い回しの問題は些細な問題だ」として見過ごしていることが珍しくありません。しかし、明確な意思伝達ができなければ組織でいい仕事はできませんし、顧客や社会の理解・信頼も得られません。

コラム
四十年前の「明快な文章」

この本のすべてを書き上げ、題名も決めた後に、二十三歳の時に書いた「明快な文章」という小文を見つけました。読み返してみると、昔から何と同じような発想をしていたことかと、苦笑せざるをえません。

自分の主義として、論文、レポートなどを書く際には、思い切って無駄を省き、明快な叙述をしたい。言葉の重複を厳しく排し、形容詞・副詞、そのほかの修飾語、挿入句はできる限り省く。短く言い切るべきところは、照れずにはっきりと言い切る。何が主語で、何が述語・目的語なのかが、一読して分かるように書く。

それにしても、人文・社会科学関係の書物の文章は、何と曖昧で、言葉の重複が多く、虚飾に満ちていることか。一読しただけでは、なかなか分からない。頭に無駄な労力を強いられる。

何となく分かったように感じた時も、いざ短く要約してみようとすると、その言葉遣いの未整理に驚く。二、三頁の叙述をいくつにも分解して、その順序を組立てなおし、言葉の重複を取り去り、無駄な形容を除き、何を肯定し何を否定しているのかをはっきりさせ、語句と語句の関係を明らかにすると、ようやく著者の言いたかったことが明確になる。

こんな作業を読者にやらせるのは、著者の怠慢である。(1966.12.30A)

出典

1　参考文献

この本の最初の原稿を書いた時、私は参考文献を一切見ませんでした。書棚には関連する本が二十冊位はありましたが、それらは見ずに、自分の頭の中にあったこと、あるいは折々に書き溜めてきたことだけを元に、「まえがき」から「あとがき」までを一通り書きました。

そして、自分がこの本で言いたいことがはっきりした後で、参考文献を一冊ずつひも解きました。その主な目的は、他の文章論の書き手の視点から私の原稿をチェックすることでしたが、それらの本に刺激されて、そこに書かれていることとは別の発想が湧いてきて、書き加えた部分が少なからずありました。

私が書いたことに近い問題意識に出会うと、「××氏は、この件についてこのように指摘している」と書き加えた部分もあります。参考文献のお陰で、この本の幅と奥行きが、いささかなりとも広がったと思います。

しかし、二つの図書館でこのテーマに関係のありそうな文献に目を通した時に、無内容なもの、枝葉末節にこだわったもの、文章を書く難しさをいたずらに強調しているものなどが多いことに気づきました。どんなテーマの本についても言えることですが、私は、読者の方が読んで面白くない本、共感を覚えない本、読みにくいと感ずる本は、概してあまり参考にならないと考えていいと思います。

この本で私が書きたかったテーマや問題意識に照らして、参考になった文献を以下に記しておきます。

脇山　俊『英文ビジネス・レポートの書き方』ジャパンタイムズ 一九八〇年

木下是雄『理科系の作文技術』中公新書 一九八一年

川喜田二郎『続・発想法』中公新書 一九七〇年（ＫＪ法の展開）

辰濃和男『文章の書き方』岩波新書 一九九四年

本多勝一『実戦・日本語の作文技術』朝日文庫 一九九四年

高橋昭男『仕事文の書き方』岩波新書 一九九七年

野口悠紀雄『「超」発想法』講談社 二〇〇〇年

野口悠紀雄『「超」文章法』中公新書 二〇〇二年

本多勝一『わかりやすい日本語の作文技術』オークラ出版二〇〇三年
野田尚史『なぜ伝わらない、その日本語』岩波書店二〇〇五年
清水幾太郎『論文の書き方』岩波新書 一九五九年（学生時代には感動した）
川喜田二郎『発想法』中公新書 一九六七年（ＫＪ法の紹介）
梅棹忠夫『知的生産の技術』岩波新書 一九六九年（コピーやパソコンが使えなかった時代の話）
堺利彦『文章速達法』講談社学術文庫 一九七二年（原文は、一九一五年作。今読んでも面白い）
山下秀雄『日本のことばとこころ』講談社 一九七九年（日本語の心理構造をさぐる名著）
外山滋比古『日本の文章』講談社学術文庫 一九八四年（部分的には賛成）
森本哲郎『日本語 表と裏』新潮文庫 一九八八年（日本文化の奥深さが分かり、面白い）
藤沢晃治『「分かりやすい表現」の技術』講談社 一九九九年（分かりにくい表現を集めている）
樺島忠夫『文章表現法』角川書店 一九九九年（細部にわたる話が多い）
大野晋『日本語練習帳』岩波新書 一九九九年（構文より、主に個々の単語の意味に注目している）
斎藤美奈子『文章読本さん江』筑摩書房 二〇〇二年（本書の「まえがき」の作文教育の歴史に関する記述は、主にこの本によった）

加賀野井秀一『日本語は進化する』ＮＨＫブックス 二〇〇二年（書き言葉の歴史の浅さが分かる）

久恒啓一『図で考えれば文章がうまくなる』ＰＨＰ研究所 二〇〇五年（代表的文章論の紹介）

2 「こんな文章に出会いました」について

最近、高校時代に使った国語の教科書三冊に目を通してみました。そして、「何とつまらないのだろう！」と思いました。そこに載せられた文章は、高校生が鑑賞するにふさわしいもの（つまり、読んでその文章の面白さが分かるもの）や、自分で書く際にモデルにできるものは少なく、「文学史上で意義のある文章」に偏っているように見受けられました。国文学者にとってはそれが重要でも、一般の高校生には退屈です。この教科書で国語が嫌いになった生徒も少なくないと思います。

面白いものをつまらなく教える

学問は、どれも実は面白いのに、学校の教え方、教科書の作り方は、その面白さを極度に押し殺している場合が多い。そのことが昔から不思議である。

高校時代三年間、たとえば数学はチンプンカンプンで苦痛でしかなかったが、浪人して自分で勉強し始めたら、その美しさと魅力に驚いた。大学時代、家庭教師で男子高校生と女子中学生を教えたが、二人とも数学がとても好きになった。その秘密は、簡単なことだ。選りすぐりのいい問題を、じっくりきれいに解いて見せると、そのプロセスの美しさに二人とも目を輝かせたのだ。(2002.9.16A)

作家の司馬遼太郎も、桑原武夫との対談で、こんなことを言っています。

日本語という国語に感動しない国語教育がおこなわれているような気がします。非常に憂鬱な謎解きのようなものを教えて、子供たちに言葉を書いたり使ったりすることをこわくさせるようなところがあります。(『日本語の本質』文春文庫、二百二十八頁)

本書の各章の終わりに載せた「こんな文章に出会いました」は、普通の国語力か、せいぜいそれプラスアルファの力で分かる文章であること、独自の内容があること、そしてなるべく無駄のない文章で書かれていることという基準で、昔読んだ本の中から探してみました。

本書ではその性格上、不完全な文例をたくさん載せていますので、時には安心して読める、手本になるような文章も入れたかったこと、各章の文章作法に関するやや真面目な説明の後に、ホッと一息ついてほしかったこと、そして何よりも人の心を動かす面白い文章表現を読者と共に楽しみたかったことが、このシリーズを設けた狙いです。

(*)印をつけたタイトルは、原文の中から言葉を拾って私がつけたものです。また、抜粋する時に、言葉を省いた箇所があります。原文の意図やニュアンス、文体を損なわぬよう慎重を期したつもりですので、何卒ご了解下さい。

3 拙著

A 『発見・青春との対話』小学館スクウェア 二〇〇四年

B 『異文化体験記・底抜けに親切な人びと』文藝春秋企画出版部 二〇〇五年

主に第2章で、この二冊の中のいくつかの文章を例として使わせていただきました。Aは、大学時代四年間に書き溜めた思索ノート二十四冊を元にしたもので、Bは、タイ、韓国、イタリア、ネパールでの経験を踏まえたものです。

拙著からの引用部分には、最後に(1966.12.30A)などと記しています。これは、原文の書かれた日付と、それが拙著Aからの引用であることを示しています。

あとがき

私がこの本の構想を述べた時、ある人が、「文章の書き方なんて、教えられるものですか？起承転結を書けと教えるのですか？」と真顔で聞きました。文章術はえも言われぬ名人芸で、人には伝授できないものだとその人は考えていたのかもしれません。

アメリカでは、しかし、大学で作文教育を徹底的に行うと昔から聞いていました。日本には、いい文章イコール文学的な文章という観念があり、「事実や思想・感情を伝える文章」を軽視する傾向がありました。以心伝心を尊ぶ日本人は、「言い回しはまずいかもしれませんが、私の言いたいことは分かっていただけると思います」という甘えの言葉を時に口にします。企業の中で、もっと正確に、簡潔に書こうと指導すると、「言い回しにこだわる」『てにをは』にこだわる」「物を売って初めて商売になる。文章を書いたって、一銭の稼ぎにもならない」などという反発を受けることがありました。

そう言いながらも、文章を書くことに苦手意識を持っている人が多いせいか、世に文章論を著した本があふれています。しかし、有名な小説家が書いた芸術的文章論、国語学者による文法や語句中心の本、ジャーナリストによる文章を書くコツや心構えを説いた本などがほとんどで、いささか趣味的であったり、断片的であったり、細部にわたり過ぎていたりして、社会人や学生が簡潔・明瞭な文章を書くための教科書になりそうなものはなかなか見当たりません。「四つの型にはめて書けば合格点が取れる」などと教える小論文試験の対策本や、手紙の文例集などは、あくまでもその場しのぎのものです。

私は、さまざまなスポーツにおいて専門のコーチが基礎的な技術の訓練をほどこしているように、文章にも基礎的な技術の土台があると信じています。それは決して神秘のヴェールに包まれた名人芸ではなく、誰にでも理解できて、すぐに役立つものです。この本で、もしそのことを感じていただけたとしたら幸いです。

私が大学で文章の書き方を教えていると言うと、「このごろの人は言葉の使い方を間違えている。敬語も乱れている。何とかしてほしい」と頼まれることがあります。確かに若い人の文章を添削していると、そのような問題を感じることがあります。

しかし、私がこの本で着目したのは、主として「文章の構造」に関わる問題で、「個々の部品」(単語、言い回し、表記法など)にはほとんど言及しませんでした。それを一々書き始めたらきりがないこと、そのための辞書や参考書が既に多くあることがその理由ですが、それ以上に、日本の国語教育は個々の部品にばかり注目して、構造的な問題を教えてこなかったと思うからです。その問題に、主にビジネス社会で身につけた実践的方法で、私なりに一石を投じてみたいと考えました。読者の皆様のご批判をお願いします。

最後になりましたが、くろしお出版の福西敏宏編集部長が原稿を徹底的に検討し、次々と問題提起して下さったおかげで、この本の構成も内容もかなり変貌を遂げました。第1部「発想」も、氏の後押しによって生まれました。与えられる難しい課題に困り果てることも何度かありましたが、それがきっかけで新しい着想を得ることも一再ならずありました。深く感謝しております。

著者

著者略歴

阿部　紘久（あべ　ひろひさ）

1967 年東京大学卒（教育社会学専攻）。帝人（株）で宣伝企画、国際事業企画、経営企画に携わり、その間にタイ、韓国、イタリアに計十年駐在。活性化推進室長、繊維国際部長などを務めた後、米国系 IT 関連企業アール・プロメトリック（株）の最高経営責任者 (CEO) に転じた。現在は文筆活動のかたわら、昭和女子大学で文章指導をしている。著書に『発見・青春との対話』（小学館スクウェア）、『異文化体験記・底抜けに親切な人びと』（文藝春秋企画出版部）がある。趣味は、山岳写真と音楽。

明《めい》快《かい》な文《ぶん》章《しょう》

発行	2007 年 6 月 1 日　第 1 刷発行 2010 年 6 月 1 日　第 3 刷発行
著者	阿《あ》部《べ》　紘久《ひろひさ》
印刷所	モリモト印刷株式会社
発行所	株式会社 くろしお出版 〒 113-0033　東京都文京区本郷 3-21-10 TEL: 03-5684-3389 FAX: 03-5684-4762 http://www.9640.jp/　E-mail: kurosio@9640.jp

ISBN978-4-87424-379-4 C1081